给孩子的数学故事书

否定中的肯定

逻辑的故事

张远南　张昶　著

清華大学出版社
北　京

图书在版编目(CIP)数据

否定中的肯定：逻辑的故事/张远南，张昶著. —北京：清华大学出版社，2020.9
(2024.1重印)
(给孩子的数学故事书)
ISBN 978-7-302-55532-2

Ⅰ. ①否… Ⅱ. ①张… ②张… Ⅲ. ①数学课－中小学－课外读物
Ⅳ. ①G634.603

中国版本图书馆CIP数据核字(2020)第085815号

责任编辑：胡洪涛　王　华
封面设计：于　芳
责任校对：赵丽敏
责任印制：宋　林

出版发行：清华大学出版社
　　网　　址：https://www.tup.com.cn，https://www.wqxuetang.com
　　地　　址：北京清华大学学研大厦A座　　**邮　　编**：100084
　　社 总 机：010-83470000　　**邮　　购**：010-62786544
　　投稿与读者服务：010-62776969，c-service@tup.tsinghua.edu.cn
　　质量反馈：010-62772015，zhiliang@tup.tsinghua.edu.cn
印 装 者：大厂回族自治县彩虹印刷有限公司
经　　销：全国新华书店
开　　本：145mm×210mm　　**印　　张**：5.75　　**字　　数**：109千字
版　　次：2020年10月第1版　　**印　　次**：2024年1月第9次印刷
定　　价：39.00元

产品编号：087508-01

PREFACE ◦ 序

分析必须细致，论证务求严谨。用感知替代分析，用列举充当论证，这是思维的贫乏，初学的通病。

逻辑一词译自英语 logic，源自希腊文 logos，本义为思想、思维、理性、言语。现代逻辑一词是多义性的，它既代表思维的规律性，又代表思维形式及其规律性的科学，还引申表示客观的规律。

推理是从未知到已知的合乎逻辑的思维过程。数学的推理与逻辑之间有着千丝万缕的关系，以至于有不少人认为数学便是逻辑。数学与逻辑之间的这种密切关系，可以追溯到相当久远的年代。

在两千多年前的古希腊，以德谟克利特为代表的唯物主义思想家和以柏拉图、亚里士多德为代表的唯心主义思想家之间的相互辩难和争论，无疑对古希腊数学的高度发展起到了推动作用。逻辑学的发展,把数学知识按假设演绎的方法严格加以整理,终于诞生了具有划时代意义的不朽巨著,欧几里得的《几何原本》。

本书并不打算也不可能对数学逻辑和推理的理论作完整的叙述。作者的目标只是想激发读者的兴趣,并由此引起他们学习这门知识的欲望,因为作者认定:兴趣是最好的老师,一个人对科学的热爱和献身,往往是从兴趣开始的。然而人类智慧的传递,是一项高超的艺术。从教到学,从学到会,从会到用,从用到创造,这是一连串极为能动的过程。作者在长期实践中,深感普通教学的局限和不足,希望能通过非教学的手段,尝试人类智慧的传递和接力。

基于上述目的,作者尽自己的力量完成这套各自独立的趣味数学读物,它们是:《偶然中的必然》《未知中的已知》《否定中的肯定》《变量中的常量》《无限中的有限》《抽象中的形象》。分别讲述概率、方程、逻辑、函数、极限、图形等有趣的故事。作者心目中的读者,是广大中学生和数学爱好者,他们应该是衡量本书最为精确的天平。

由于作者水平有限,书中缺点、错误在所难免,敬请读者不吝指出。

这本书所要讲述的内容,是人类知识的一笔巨大财富。在逻辑问题中,有许多趣闻、难题、技巧和引人入胜的东西,它需要读者反复琢磨，才能领会其中的奥妙，并因此感受到无穷的乐趣。作者希望这本书能够把读者引进人类智慧的这一宝山。

但愿读者不至于入宝山而空返！

张远南

2019 年 12 月

CONTENTS ○ 目录

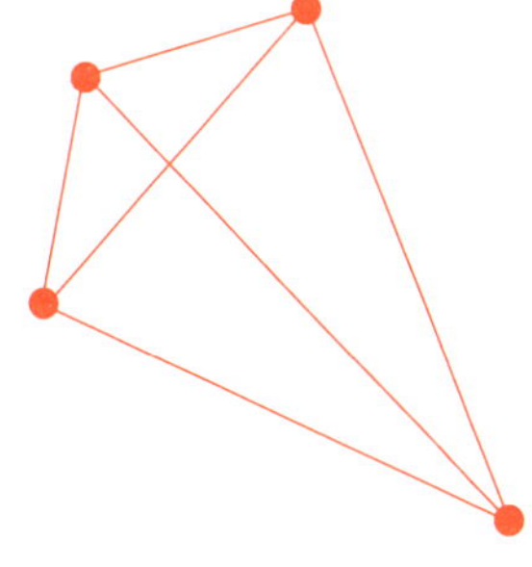

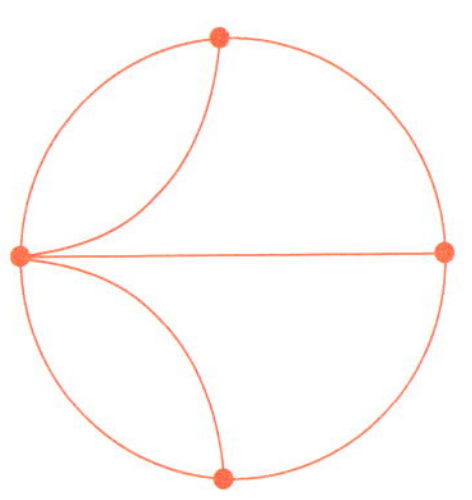

一、从“人机之战”谈起

伦敦某剧院，座无虚席。观众正屏气凝神地观看着台上魔术大师马斯特曼教授的精彩表演：“绝妙的记忆术”。

突然，“砰！”的一声枪响，教授应声倒地，凶手趁人们惊愕之际，逃之夭夭。第二天，报纸头版头条刊登了这一骇人听闻的剧场谋杀案。与此同时，报纸的另一版还赫然刊登了以下消息：

“目前，英国有1000台计算机出故障！近来，全世界各地相继出现计算机停转的现象。对此科学家们迷惑不解。他们说这些计算机并未损坏，好端端的就是不工作。”“美国有 10000 台计算机停转，苏联有 8000 台计算机停转，迄今，全世界停转的计算机总数达 25000 台之多！”“美国国家宇航局局长表示，这是一个极为严重的问题，如果这种现象持续下去，我们的宇航计划将要告吹，苏联的也将下马，我们的工作离不开计算机。”云云。

上面就是英国作家 L. G. 亚历山大的科幻小说《“万能脑袋”侦破记》的最初情节。“万能脑袋”是魔术师马斯特曼教授的美称。他具有惊人的记忆力。那天，他正在台上表演“非凡记忆”的拿手好戏，一个陌生人登上了舞台，递给魔术师一张字条，上面写有一长串数字，头 4 个数字是 4967。正当魔术师试图复述整个数字的时候，陌生人朝他开了枪。

故事以后的情节是这样的：英国行动总局派机灵的谍报人员卡斯泰，潜入爱琴海的一个名叫多利福罗斯的小岛，那里有一台硕大无朋的计算机 DOT，它能够对世界各地的电子计算机发出信息，而其本身却独立工作。据了解，当全世界数以万计的计算机接连停转的时候，DOT 工作正常。局长在交代任务时，还给了卡斯泰一张纸条，并要其默诵纸条上的字母和一串数字：

“CDS4967543287043789076543”，这是马斯特曼教授死前两天交给行动总局的。

此后，小说情节高潮迭起，引人入胜。卡斯泰上岛后，几度遇险落难，又几度绝处逢生，终于靠勇敢和机智，探明了多利福罗斯岛上的巨大秘密。

原来,5年前两位才华盖世的电子工程师奉命来岛建成了DOT。他们中一位来自美国,叫哈德倍克,另一位来自伦敦,叫史密斯。后者主持了DOT的设计工作,但两年前因与哈德倍克不和,离开此地并隐姓埋名,浪迹天涯。从此哈德倍克便主管全岛事务。可是此人利欲熏心,企图谋求控制全世界的电子计算机,并通过DOT的控制,制造全球性的停机事件,妄图使世界陷入恐慌,并听命于他一人。

与此同时,DOT经过几年的运转,逐渐意识到自身的威力。于是它开始自命“元首”,并从哈德倍克手中接管了岛上最高权力,打算进一步称霸全球。只是它对哈德倍克和史密斯略有忌惮,因为他俩掌握DOT的破坏数据。为此,DOT一面派人谋杀了改名为马斯特曼的史密斯,一面借卡斯泰上岛的机会干掉了哈德倍克。DOT自以为此举干净利落,无懈可击,从此便可高枕无忧。不料史密斯死前得知世界上大量计算机停转的消息,意识到这是DOT暗中作怪,预感人类将经受一场严峻的挑战。良知的驱使之下他毅然向行动总局送去了破坏数据。

话说卡斯泰上岛后,即被DOT看中,认为与其留着对自己有威胁的哈德倍克,不如用一个对自己没有威胁的人来替代。因此尽管哈德倍克几次三番想处死潜上岛来的不速之客,都被DOT以元首之命救了下来。哈德倍克被处死后,卡斯泰运用自己的智慧,一面假装对DOT俯首称臣,一面寻找DOT疏漏之处,进入控制室,拨动了电码拨号系统,以及那串数字:

4967543287043789076543。终于制服了不可一世的计算机DOT，使全世界计算机恢复了正常运转。

故事到此结束，这实际上是作者精心描绘的一幅人与机器战争的景象，虽然没有滚滚的硝烟和隆隆的炮声，却也腥风血雨，险象万千！

故事中的战争虽然以计算机失败而告终，但读者不禁要问：人类的才智果然不及计算机吗？今后会不会发生一场世界性的"人机大战"？会不会有朝一日，创造出计算机的人类，反成了计算机的奴仆？要回答这一系列问题，还得从人的思维和推理讲起。

当人们进行思考的时候，大脑是怎样运转的呢？可以想象得到，首先闪进脑海的，应该是大量与思考对象有关的事实和结论。这些事实和结论在脑中形成一连串判断的句子。这些句子在逻辑上称为命题。这一连串的命题便构成了思考的前提。

例如，当我们思考如何保证飞机上的人员在紧急状态下的安全时，闪现在脑中的命题大概会是：

命题1：物体从高处下落，落体的速度会越来越快。

命题 2：人以极大速度落于地面会导致死亡。

命题 3：在空气中纸张要比石子下落慢得多。

命题 4：如果天空有风，那么风筝将会飘悬在半空。

⋮

有了这些命题作为思考的前提，接下去便是依据这些命题做合理的推理，降落伞便是这种合理推理的产物。

命题有简单的，也有复杂的。已为人类长期实践所证实，我们无须证明而认为是正确的命题，叫“公理”。而那些能够证明是正确的命题叫“定理”。在数学中，我们经常用字母表示数。在逻辑学中，我们则常用一个字母表示一句话。如：

P＝“天空有风”

Q＝“风筝会飘悬在半空”

很明显，P 与 Q 各自代表一个简单的命题。在命题 4 中，P 是 Q 的前提，因此这是一个复合命题。在逻辑学中，我们常用箭矢号“→”表示联系词“如果……，那么……”或“若……，则……”。例如，命题 4 可以用符号写成：

$$P \rightarrow Q$$

表示式 $P \rightarrow Q$ 称为一个蕴涵关系。在蕴涵关系中，如果作为前提的命题是真的，那么作为结论的命题便是可信的。第一个使用降落伞的人，就是相信了这样的推理：用伞状的布可以使自己从高处下落的危险中得以解救。

一个命题的反义或否定，我们用在代表该命题的字母顶上加一横杠来表示。例如：

$\overline{P}$ =“天空没有风”

$\overline{Q}$ =“风筝不会飘悬在半空”

容易理解为： $\overline{Q} \rightarrow \overline{P}$

这个符号的含意是：“如果风筝不会飘悬在半空，那么天空没有风。”

关于推理的科学，以后的章节我们会陆续讲到，数学与逻辑推理有着千丝万缕的联系。数学家为我们创造了思考和观察世界的方法，使人类能够卓有成效地进行一连串推理。在古代的希腊，研究几何需要一个欧几里得那样的脑袋。而 1637 年，法国数学家勒内·笛卡儿（Rene Descartes，1596—1650）却告诉人们，如何把几何问题转化为代数问题，借助于这种方法，几何中便不会有多大的难题。同样地，对复杂的逻辑问题，直接推理常使人感到智穷力竭。然而，19 世纪中叶，英国数学家乔治·布尔（George Boole，1815—1864）所创立的逻辑代数，却能轻松地解决这类难题。今天，人们把布尔的法则输入计算机，才赋予计算机以逻辑推理的神力。

不过，计算机虽然能够出色地使用解析几何或布尔代数的方法，却不能创造这些方法。创造这些方法的是人！就本质讲，计算机只是人的“模仿”，它必须照人类的安排去执行，仅此而已。对人类来说，重要的是创造。创造这个词确实很神秘，它是人类的骄傲！

二、演绎的科学

这是一则寓意深刻的故事。

从前有一个懒人，他有一大瓮的米。一天，他躺在米瓮边的一张席子上，开始想入非非：

“我将卖掉这些米，并买来尽可能多的小鸡。这些鸡长大后会下很多蛋。然后我把鸡和蛋卖了，再买来许多猪。当这些猪长大的时候，便会生许多小猪。那时我再把它们卖了，买回一些水牛。有了水牛，就会有许多小水牛。如果我把它们卖了，我就有钱买一块地。有了地，便可以种稻米、甘蔗和谷物。有了收成，我还可以买更多的地。再经营几年，我就能够盖上一幢漂亮的房子。”

“当我盖好房子，我将娶一个世上最美的女人做妻子。”

“那时，我是多么富有，多么幸福啊！”

懒人兴奋了，手舞足蹈，一脚踢翻了米瓮。米瓮破了，立时米像水一般倾泻出来，落在肮脏的地面上。此时，邻居的一大群鸡蜂拥而来，把地上的米啄食精光。小鸡、猪、水牛、土地、房子和美丽的女人，一切的一切全都成了泡影。留给这个懒人的只是一只破了的瓮。

这个故事告诉人们：光想是不够的，更重要的是着手去做。千里之行，始于足下。不过，尽管懒人的结局是可悲的，但他的演绎术却颇值得称道。演绎是一种证明的方法，它不是基于经验或尝试，也不依赖于人们的感官，而是建立在严格推理之上的。数学大厦的基础，正是用这种演绎的方法砌成的。

下面我们研究一下懒人是怎样进行一连串推埋的。首先，他从一瓮米开始，提出命题：“如果有米，那么可以卖掉米，买来尽可能多的小鸡”。简记为：“若有米，则有鸡”。这实际上是关于“有米”者的一个命题，不论这有米者是谁。所以这是个大前提。懒人的第二个命题是：“我有一瓮米”，这是小前提。如果上述两个前提为真，那么推出的结论一定不假。用 P 代表“有米”，Q 代表“有鸡”，于是有：

【大前提】$P\to Q$，若有米，则有鸡。

【小前提】P，我有一瓮米。

【结　论】Q，那么我有尽可能多的鸡。

懒人接下去的推理是：

【大前提】若有鸡，则有蛋。

【小前提】我有鸡。

【结　论】我有蛋(我的鸡会生蛋)。

【大前提】若有鸡和蛋，则有猪。

【小前提】我有鸡和蛋。

【结　论】我有尽可能多的猪。

⋮

以上这些都是演绎法的简单例子。这种由大前提、小前提和结论三部分组成的演绎推理方法，称为“三段论法”。在三段论法中，如果我们承认 $P\rightarrow Q$ 是真实的，而由此推得的逻辑上的合理结论，可以写成：

$$\begin{array}{c} P \rightarrow Q \\ \underline{P} \\ Q \end{array}$$

假如 P、Q 是经验命题，这表明复合命题 $P\rightarrow Q$ 也可能成立，也可能不成立。后者只要举出一个反例就够了。例如“凡是鸡都会下蛋”“若有鸡和蛋，则有猪”，这些经验命题都未必是成立的。这正是懒人悲剧之所在。而懒人的演绎推理方法，却是无可指责的。

又如果 P、Q 是分析命题，例如 P 是“乘法交换律 $m\cdot n=n\cdot m$”，Q 是“$5\times3=3\times5$”，对于规定的“数”和“乘法”，要么两

者都成立，要么两者都不成立。如果我们同意前一个命题，我们也就必须同意后一个命题。复合命题 $P \to Q$ 在这种意义下被认为是真实的。

两千多年前的古希腊数学家欧几里得(Euclid，前 330—前 275)，正是使用“点”“线”“圆”“相交”“重合”等基本砖石，在公理的基础上，通过科学的演绎，建筑起宏伟的几何学大厦的。这就是我们今天初中课本上讲的平面几何。

下面我们看一看如何通过演绎的方法，证明“三角形内角和等于 180°”。已知△ABC，各角如图 2.1 所示。

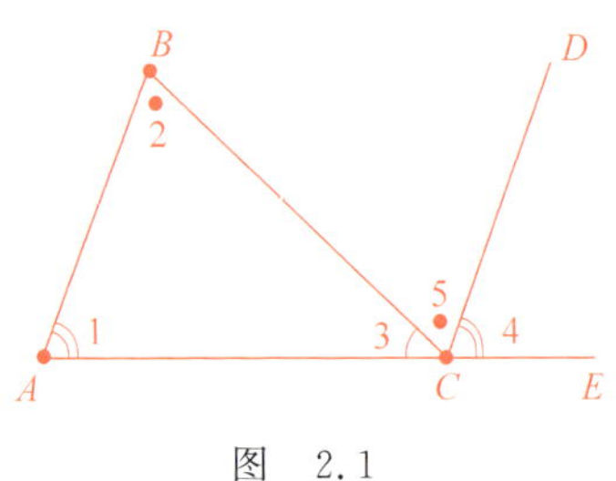

图 2.1

(1)【大前提】过直线外一点，有且只有一条直线与已知直线平行。

【小前提】C 是直线 AB 外一点。

【结　论】存在唯一直线 $CD /\!/ AB$。

(2)【大前提】两直线平行，同位角相等。(定理)

【小前提】$CD /\!/ AB$。

【结　论】(同位角)$\angle 1 = \angle 4$。

(3)【大前提】两直线平行，内错角相等。(定理)

【小前提】$CD/\!/AB$。

【结　论】(内错角)$\angle 2=\angle 5$。

(4)【大前提】若是平角，则等于180°(定义)。

【小前提】$\angle 3+\angle 4+\angle 5$ 为平角。

【结　论】$\angle 3+\angle 4+\angle 5=180°$。

(5)【大前提】在等式中，一个量可以用它的等量来代替。(公理)

【小前提】$\angle 1+\angle 2+\angle 3=\angle 3+\angle 4+\angle 5$。

【结　论】$\angle 1+\angle 2+\angle 3=180°$(即为所证)。

我们用符号代表上述有关命题：

L="A、B、C 为三角形的 3 个顶点，三角形的内角和为 $\angle 1+\angle 2+\angle 3$"

M="C 为直线 AB 外一点"

N="$CD/\!/AB$"

P="$\angle 1=\angle 4$"

Q="$\angle 2=\angle 5$"

R="$\angle 3+\angle 4+\angle 5$ 是平角"

S="$\angle 3+\angle 4+\angle 5=180°$"

T="$\angle 1+\angle 2+\angle 3=\angle 3+\angle 4+\angle 5$"

U="$\angle 1+\angle 2+\angle 3=180°$"

于是有：(1) $L\rightarrow M\rightarrow N$

(2)、(3) $N - \left\langle \begin{array}{l} \nearrow P \\ \searrow Q \end{array} \right.$

(4) $R \to S$

(5) $\left. \begin{array}{l} P \\ Q \end{array} \right\rangle \longrightarrow \left. \begin{array}{l} T \\ S \end{array} \right\rangle \longrightarrow U$

整个演绎的过程可以写成：

$$L \to M \to N - \left\langle \begin{array}{l} \nearrow P \\ \searrow Q \end{array} \right\rangle \to \left. \begin{array}{l} T \\ (R \to) S \end{array} \right\rangle \to U$$

要说明的是：推理的三段论法在实际运用中，时常采用省略式。对于大前提不说也明白的情形，可以省去。这在素以简洁著称的数学推理中尤为常见。例如：

在△ABC(图 2.2)中，

因为 $AB=AC$，【小前提】

所以$\angle B=\angle C$。【结　论】

这里省略的大前提："等腰三角形底角相等"，这是众所周知的。

图　2.2

在小前提内容和大前提联系极为明显，或结论可以必然推出时，相应的小前提或结论也可以省略。

下面的故事将使人生动地看到这一点。

约翰·歌德(Johann Goethe,1749—1832)是18世纪德国的一位著名文艺大师。一天,他与一位文艺批评家"狭路相逢"。这位批评家生性古怪,遇到歌德走来,不仅没有相让,反而卖弄聪明,一边高傲地往前走,一边大声说道:"我从来不给傻子让路!"面对如此尴尬局面,但见歌德笑容可掬,谦恭地闪在一旁,有礼貌地回答道:"呵呵,我可恰恰相反。"结果故作聪明的批评家,反倒自讨个没趣。

在这个故事里,无论批评家还是歌德,各自都只说一句话,而且这句话都极为简练和幽默。

批评家推理的三段论法是这样的:

【大前提】我从来不给傻子让路。

【小前提】(你歌德是傻子——省略)。

【结　论】(我不给你让路——行动表明,省略)。

歌德推理的三段论法是:

【大前提】我可恰恰相反(即我给傻子让路)。

【小前提】(你批评家是傻子——省略)。

【结　论】(我给你让路——行动表明,省略)。

虽然歌德和批评家都只讲了大前提,但由于是当面对话,又辅以一定动作,所以小前提和结论都省略了。但"听话听声,锣鼓听音",谁都能准确无误地判断出对方的意思。

当然,省略式必须运用得当,否则便会隐藏某种错误。例如有时我们会听到学生这样评论考试:"今天题目很难,因此我考不好。"初听起来,不觉得有毛病。其实这里隐藏了一个错误的大前提:"如果题目很难,那么一定会考不好。"所以初学三段论法,不要轻易采用省略式。

三、勒让德教授的失误

在“二、演绎的科学”中我们讲到：巍峨的几何学宫殿，正是在公理的基础上，利用“点”“线”“圆”“相交”“重合”等基本砖石建造起来的。这一宏伟的几何学建筑，早在公元前3世纪，由人类智慧的能工巧匠，古希腊的欧几里得建造落成。

作为欧几里得几何学（也叫欧氏几何）基石的公理中，有一条著名的第五公设：“若两直线和第三直线相交，且在同一侧所构成的两个同旁内角之和小于两直角，则把这两条直线向该侧延长后一定相交。”这条冗长的公设，在今天的初中课本中，已用下面的等价公理来替代：“过已知直线外的一已知点，能且只能作一直线使它与已知直线平行。”因此，欧几里得的“第五公设”，也被称为“平行公理”。它还等价于更为简短的命题：“三角形

欧几里得

内角和等于180°”，这一命题大约不会有哪一个中学生不熟悉。

欧几里得的第五公设，比其他的公理或公设，显然要繁杂得多。大家知道，欧几里得是在柏拉图（Platon，公元前427—前347）关于几何体系建设的基础上，集前人几何成就之大成，运用了严格的科学推理，写出了不朽的巨著《几何原本》。但在《几何原本》一书中，似乎欧几里得本人也是很勉强才引入第五公设的。在长达13卷的鸿篇巨作中，只有命题29直接用到了它，此后即不见踪影。因而长期以来，第五公设成了人们怀疑的对象。

为了使几何学宫殿的基座显得更加稳固和不可动摇，在长达两千多年的漫长岁月中，人们为“推证”第五公设，进行了不懈的努力，然而没有一个人能够取得成功。在无数失败者中，最为精彩和扑朔迷离的，要算法国数学家阿德利昂·勒让德（Adrien Legendre，1752—1833）的“证明”。这一似乎天衣无缝的推证，甚至影响到下一节我们将要讲到的非欧几何的诞生。

下面我们与读者一道游览一下勒让德教授建造的“迷宫”，它对于锻炼我们的思维无疑是有益的。首先，勒让德证明了以下3条定理：

【第一定理】任何三角形内角和不能大于两直角（即 $2d$）。

证明：用反证法。

假设$\triangle ABC$内角和为$2d+\varphi(\varphi>0)$，且$\angle BAC=\alpha$为最小的内角。如图3.1所示，设D为BC的中点，延长AD至B_1，使$AD=DB_1$，于是，由三角形全等知：

$$\angle DB_1C=\angle DAB,\quad \angle DCB_1=\angle DBA$$

从而，$\triangle AB_1C$的内角和应与$\triangle ABC$的内角和相等，也为$2d+\varphi$。由于$\triangle AB_1C$的最小内角显然不大于$\angle CAB_1$与$\angle AB_1C$之较小者，因而也就不大于$\angle DAB$与$\angle CAD$之较小者。这表明$\triangle AB_1C$的最小内角应$\leqslant\frac{\alpha}{2}$。

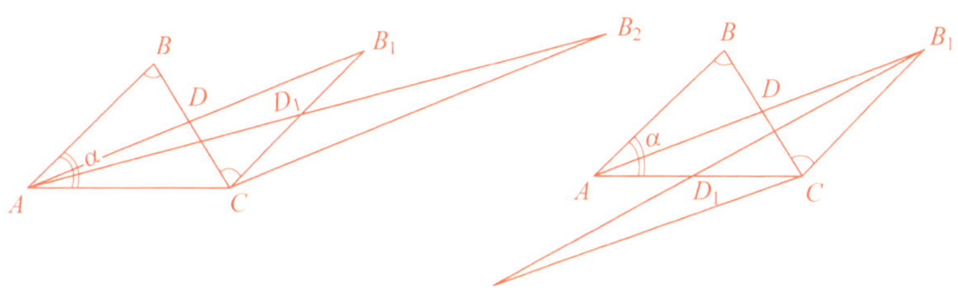

图 3.1

以上过程可以重复进行$(n-1)$次，所得第n个三角形内角和依然为$2d+\varphi$，但最小角却$\leqslant\frac{\alpha}{2^{n-1}}$。这时，三角形的另两个内角之和应不小于

$$(2d+\varphi)-\frac{\alpha}{2^{n-1}}=2d+\left(\varphi-\frac{\alpha}{2^{n-1}}\right) \tag{3.1}$$

式(3.1)中，当n很大时两个内角之和将大于$2d$，这是不可能

的。从而勒让德第一定理得证。

【第二定理】如若存在一个三角形内角和为 $2d$，则所有三角形内角和均为 $2d$。

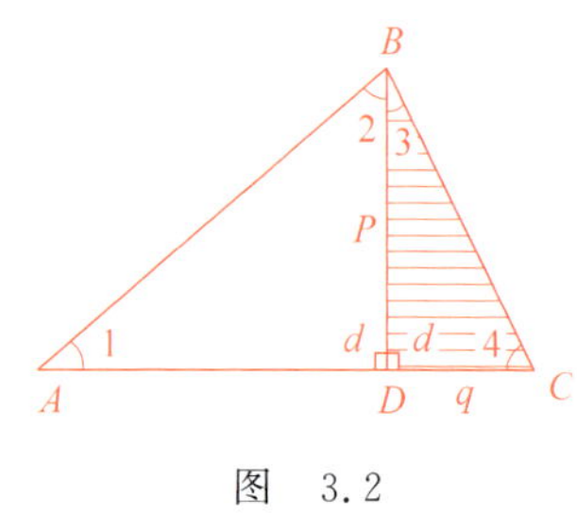

图 3.2

证明：实际上只要证明此时所有直角三角形内角和为 $2d$ 就可以了。这是因为对任意的三角形来说，都可以像图 3.2 那样，看成两个直角三角形的拼合(图 3.2 中 B 为最大角，$BD\perp AC$，D 为垂足)。如果直角三角形内角和都等于 $2d$ 的话，那么，任一三角形内角和为 $2d$ 也就确定无疑了！

现在假定$\triangle ABC$ 的内角和为 $2d$，如图 3.2 所示，由第一定理知：

$$\angle 1+\angle 2+d\leqslant 2d$$

$$\angle 3+\angle 4+d\leqslant 2d$$

从而$\angle 1+\angle 2+\angle 3+\angle 4\leqslant 2d$，根据假定

$$\angle 1+\angle 2+\angle 3+\angle 4=2d$$

所以必有

$$\angle 1+\angle 2+d=2d$$

$$\angle 3+\angle 4+d=2d$$

这就是说，在我们的假定下，至少存在一个直角三角形(Rt△)，其内角和为 $2d$。就取$\triangle BDC$ 作为这样的 Rt△吧！

下面我们说明，把 Rt$\triangle BDC$ 的两直角边如图 3.3 分别延

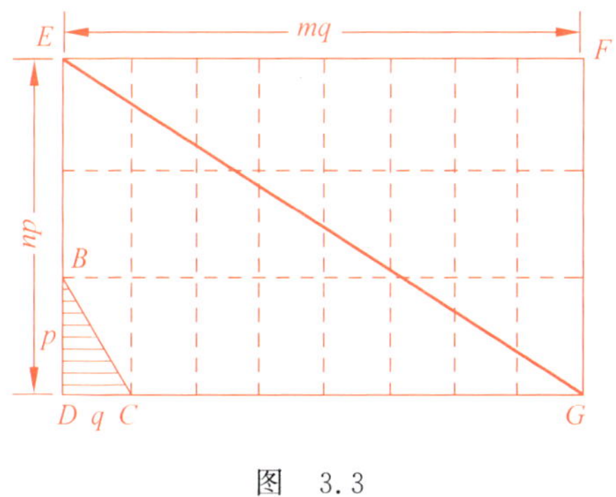

图 3.3

长到原来的 m 倍和 n 倍之后（m、n 为正整数），再连 EG，所得大 Rt△EDG 内角和也必然为 $2d$。这是因为图 3.3 中每个小四边形内角和都是 $4d$（由两个内角和为 $2d$ 的 Rt△组成）。从而推知大四边形 $DEFG$ 内角和也应为 $4d$，于是它的一半 Rt△DEG 内角和为 $2d$。

现在转到一般的情形，假令△MDN 是给定的一个 Rt△（图 3.4），由于 m、n 可以根据需要选取，所以我们不妨设

$$\begin{cases} DE \geqslant DM \\ DG \geqslant DN \end{cases}$$

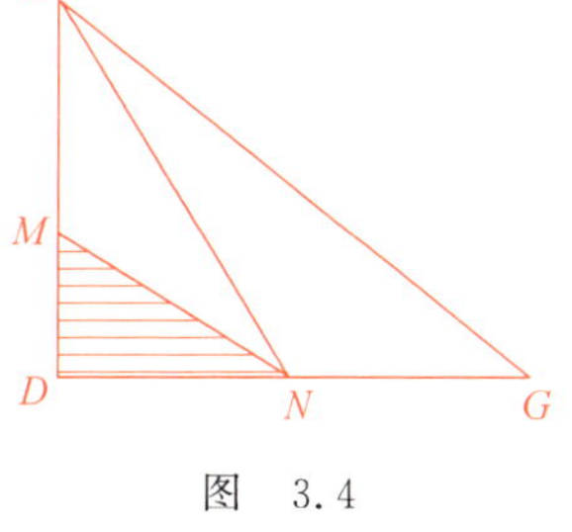

图 3.4

连 EN，则由 Rt△EDG 内角和为 $2d$

$$\rightarrow \begin{cases} (\triangle ENG) \\ \triangle EDN \end{cases} \text{内角和为 } 2d$$

$$\rightarrow \begin{cases} (\triangle EMN) \\ \triangle MDN \end{cases} \text{内角和为 } 2d$$

即证任一 Rt△内角和均为 $2d$，综合上述，我们证明了勒让德第二定理。

【第三定理】如果有一个三角形内角和小于 $2d$，则所有三角形内角和都小于 $2d$。

证明：这是很明显的，因为，根据第一定理，三角形内角和绝不大于 $2d$，而根据第二定理，只要存在一个三角形内角和等于 $2d$，那么所有三角形的内角和也就都等于 $2d$，因此，如果居然存在一个三角形内角和小于 $2d$，那么必然所有三角形内角和都小于 $2d$。证毕。

在证明了上述 3 个定理之后，勒让德教授又作了以下出人意料的推理，从而把人们引入他所建造"迷宫"的中心。勒让德教授说：如果有一个 $\triangle ABC$ 内角和为 $2d-\delta(\delta>0)$，则如图 3.5 作 $\triangle ABC$ 关于轴 BC 的对称图形 $\triangle A_1BC$，过 A_1 点作直线 $B_1A_1C_1$，分别交 AB、AC 的延长线于 B_1、C_1 点。记 $\triangle BB_1A_1$ 和 $\triangle CA_1C_1$ 的内角和分别为 $2d-\varepsilon$ 和 $2d-\xi(\varepsilon>0,\xi>0)$。于是，图 3.5 中 4

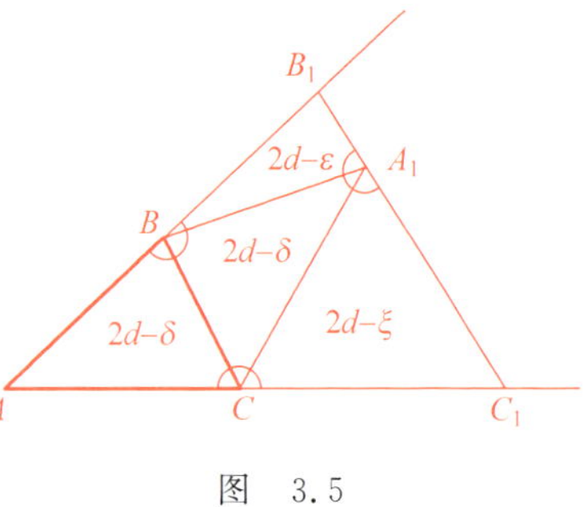

图 3.5

个小三角形内角和相加，应等于$\triangle AB_1C_1$的内角和加上3个平角。即$\triangle AB_1C_1$的内角和

$$(2d-\delta)\times 2+(2d-\varepsilon)+(2d-\xi)-2d\times 3$$
$$=2d-2\delta-(\varepsilon+\xi)<2d-2\delta$$

这就是说："存在一个内角和为$2d-\delta(\delta>0)$的三角形"

→"存在一个内角和小于$2d-2\delta$的三角形"

→"存在一个内角和小于$2d-4\delta$的三角形"

⋮

→"存在一个内角和小于$2d-2^n\delta$的三角形"

当n取很大时，$2d$将小于$2^n\delta$。这是不可能的！它表明三角形的内角和只能是$2d$。

以上便是勒让德教授的全部推证，不用第五公设而证得了与欧氏几何第五公设等价的命题。

然而，勒让德教授并没有搬掉几何学大厦的这块基石。他那似乎"天衣无缝"的证明，有一个地方非常隐蔽地用到了另一种等价于"第五公设"的说法。不过，当时很少人能够看出错误之所在。这一失误，还是后来由教授本人指出并作了说明。

亲爱的读者，你能找出勒让德教授"证明"中的"破绽"吗？但愿你的智慧，能指点你走出这座"迷宫"！

四、几何王国的孪生三姐妹

在“三、勒让德教授的失误”中讲到，人们对“第五公设”作为公设的必要性，整整打了两千多年的问号。为了寻求真理，多少世纪以来，无数造诣颇深的数学家，为尝试克服平行公理，进行了艰苦的工作，花费了大量的精力和心血。有时，他们也像勒让德教授那样，似乎成功在望，但终因发现了逻辑上的差错而前功尽弃。读者可能已经知道，勒让德教授的失误，在于他论证的最后部分，不可避免地要应用到这样一个命题，即过$\angle BAC$内部一点A_1，引一直线$B_1A_1C_1$分别与角两边AB、AC交于B_1、C_1点(图 4.1)。然而恰恰是这个命题，无法逾越第

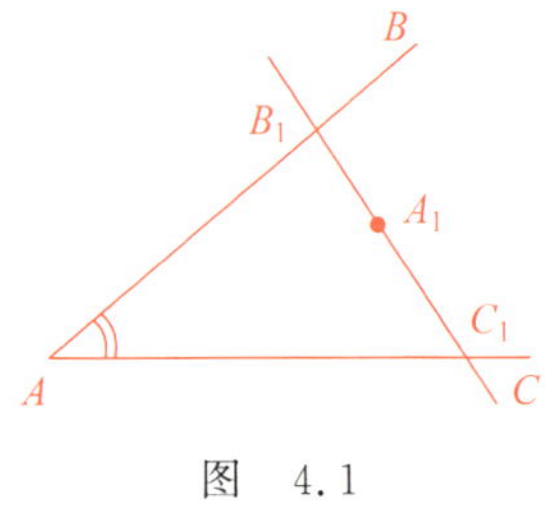

图 4.1

五公设而给予证明。勒让德教授甚至指出：可以把上述命题替代平行公理，作为欧几里得几何学大厦的基石。

人类智慧面临着挑战。在无数的失败和挫折面前，难免有人却步，但多数人依旧勇往直前。最富戏剧性的一幕是：1823 年，约翰·高斯（Johann Gauss，1777—1855）的挚友，匈牙利数学家 F.波尔约，由于终生研究"第五公设"毫无所获，最后怀着沉重的心情告诫他那酷爱数学的儿子亚诺什·波尔约（Janos Bolyai，1802—1860），不要重蹈自己的覆辙，"投身于那些吞噬自己智慧、精力和心血的无底洞"。然而此时的小波尔约并没有因父亲的警告而后退。他匠心独运，从前人的无数失败中，领悟到要从逻辑上推证第五公设是不可能的。于是他大胆创新，毅然决然地把"三角形内角和等于 180°"，换成"三角形内角和小于 180°"，并以此为基石，建立起一套完整和谐、精妙无比的新几何体系。

高斯

1831 年，小波尔约在他父亲的一本著作后面，以附录的形式，发表了题名为《绝对空间的科学》的富有创见性的新几何学。老波尔约对此似乎心里还不够踏实，便写信请教老朋友高斯，高斯是当时举世公认的数学泰斗。高斯给老波尔约的复信中，称赞小波尔约"有极高的天才"，但他又说"称赞他等于称赞我自己，令郎所采用的方法和所获得的结果，跟我 20 年前的沉思相符合"。高斯在信的结尾还说："我自己的著作，虽只有一小部分已经写好，但我本来是终生不想发表的，因为大多数人对所讨论的问题存在偏见。现在有老朋友的儿子能够把它写下来，免得与我一同湮没，那是使我最高兴不过的了。”应该说前面一段话确曾是这位数学大师推心置腹的肺腑之言，因为早在 1824 年高斯就曾在给他朋友托里努斯的信中这样写过：“三角形三内角之和小于 180°，这个假定引导到特殊的，与我们完全不同的几何，我发展它本身，结果完全令人满意。”但是，这时初露锋芒的小波尔约正踌躇满志，高斯的回信引起这位数坛新星的极大误解，他误认为高斯是运用他崇高的威望来夺取自己关于新几何体系的发明权，并为此痛心疾首，发誓放弃一切数学研究，在孤独与苦闷之中，度过了自己的后半生。

差不多与此同时，在俄国的喀山升起了一颗璀璨的新星，他就是俄罗斯的天才数学家尼克拉·罗巴切夫斯基（Николай Лобачевский，1792—1856）。1823 年，罗巴切夫斯基以超人的智慧，在经过长达 8 年之久的苦心构思之后，终于写成了《虚几何学》一稿。在手稿中罗巴切夫斯基用另一条平行公理：“过已知直线外一点，至少可作两条直线与已知直线平行。”（图 4.2）去替代欧氏几何的平行公理，建立起一个与欧几里得几何同样严谨的新几何体系。

罗巴切夫斯基

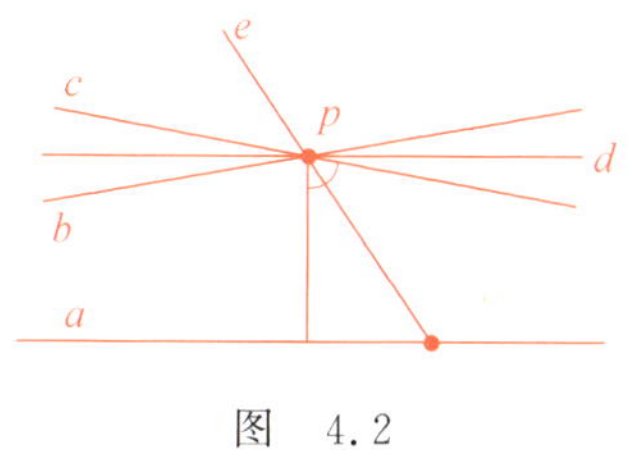

图 4.2

1826年2月11日，罗巴切夫斯基在喀山大学的物理数学论坛上，宣读了题为《几何原理概述及平行线定理的严格证明》的论文，由于这一时间要比J.波尔约附录的发表早些年，所以这一新几何体系被公认为属于罗巴切夫斯基，并称之为罗氏几何学。而1826年2月11日这一天，则被世人认定为非欧几何诞生日。

读者想必希望能更直观地了解罗氏几何学，下面是法国数学家吉恩·庞斯莱(Jean Poncelet，1788—1867)所构造的模型，它将有助于人们对这种几何学的理解。

把圆心位于直线 l 上的半圆当成“直线”。很明显，过两点可以确定唯一的一条“直线”。两个半圆如果在上半平面没有交点，则称它们所表示的“直线”“平行”。图4.3表明：过“直线 a”外一点 P，至少可以引两条“直线 b、c”与已知“直线 a”“平行”。图4.4阴影部分是由 A、B、C 3点所确定的“三角形”。喜欢几何的读者不难证明，这样“三角形”的内角和小于180°。

罗氏几何的发现，打破了欧氏几何一统空间的观念，促进了人类对几何学广阔领域的进一步探索。

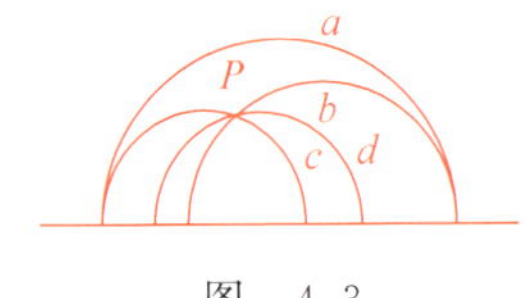

图 4.3

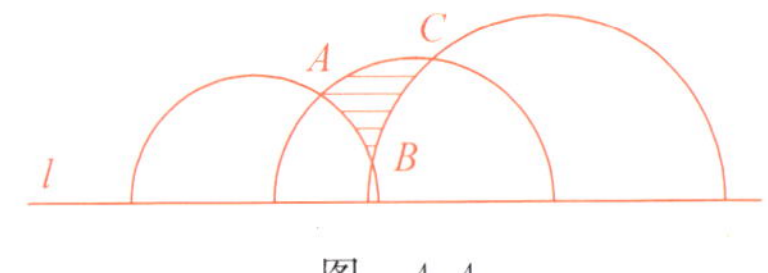

图 4.4

黎曼

1854年，高斯的得意门生，才华横溢誉满欧洲的德国数学家波恩哈德·黎曼(Bernhard Riemann，1826—1866)，在哥廷根大学宣读了《关于几何基础的假设》的论文，提出了另一种既不同于欧氏几何，也不同于罗氏几何的新几何学。在这种新的几何体系里，黎曼认为：平行是不存在的。“在一个平面上过直线外一点的所有直线，都与这一直线相交”。黎曼用上述命题作为公理，替代欧几里得的平行公理，并由此推出了“三角形内角和大于180°”的结论。

不过，无论罗氏几何还是黎曼几何的诞生，都不是一帆风顺的。由于罗巴切夫斯基的天才思想，大大超越了那个时代的认识水准，而且推出的“三角形内角和小于180°”等结论，与直观存在着矛盾，因此罗氏几何从诞生之日起，就一直遭到各方面的非难，被攻击为“荒谬透顶的伪科学”。对于黎曼，尽管他在其他方面有着极为卓越的成果，但他的几何理论同样没能得到同代人的赞许。据说在黎曼宣读论文时，到场的除了年迈的高斯之外，再没有人能完全听懂。

然而，真金是不怕火炼的，烈火的焚烧将更加显现出真金的本色！就在黎曼逝世的第三个年头，1868 年，意大利数学家欧亨尼奥·贝尔特拉米(Eugenio Beltrami，1835—1899)给出了非欧几何在欧氏空间曲面上的实际解析，例如，把黎曼几何看成类似于球面上的几何(图 4.5)。两年后，德国数学家弗洛里安·克莱因(Florian Klein，1849—1925)也给出了另一种实际解析。他把欧氏几何称为“抛物几何”，因为它的直线有一个无穷远点；而把罗氏几何称为“双曲几何”，因为它的直线有两个无穷远点；把黎曼几何称为“椭圆几何”，因为它的直线没有无穷远点。

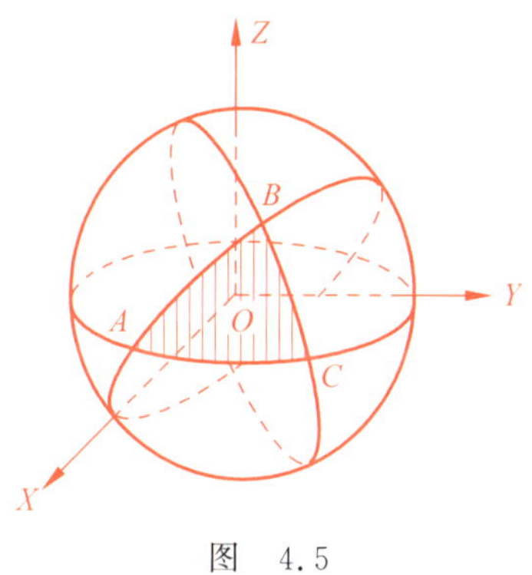

图 4.5

经贝尔特拉米和克莱因两人的解析，非欧几何终于得到了人们的认识。此后，以爱因斯坦相对论为代表的一系列科学成就，使物理学的直观和几何学的理论精妙地融合在一起。从而使欧氏几何、罗氏几何和黎曼几何这几何王国的“孪生三姐妹”，更加显得瑰丽无比！

附：欧氏几何、罗氏几何和黎曼几何的对比(表 4.1)。

表 4.1　欧氏几何、罗氏几何和黎曼几何的对比

项　　目	欧氏几何	罗氏几何	黎曼几何
又称	抛物几何	双曲几何	椭圆几何
平行公理	在一个平面上过直线外一点，有且只有一条直线与已知直线平行	在一个平面上至少可以作两条直线与已知直线平行	在一个平面上过直线外一点的所有直线，都与这一直线相交
直线无穷远点的个数	1	2	0
空间曲率 K	$=0$	<0	>0
三角形内角和	$=180°$	$<180°$	$>180°$
直观形象	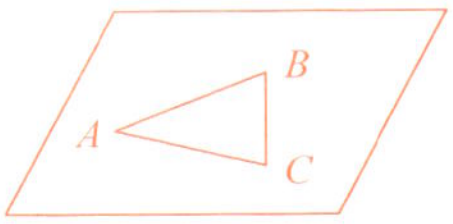	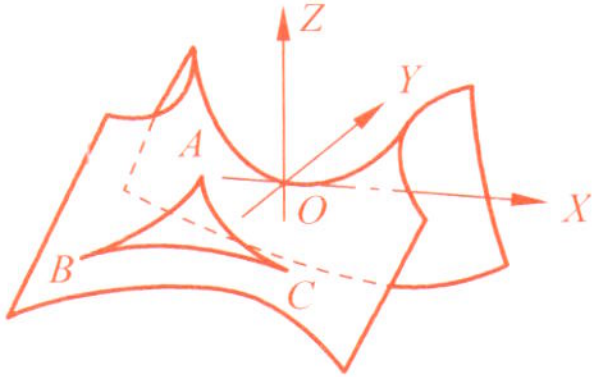	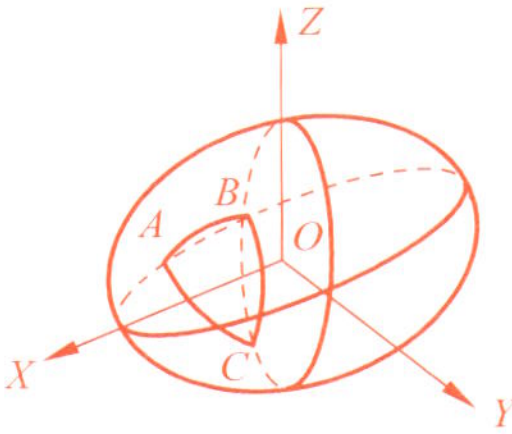

五、否定中的肯定

这是一个有趣的智力游戏。

老师为了测试甲、乙、丙、丁4名学生的分析推理能力，拿了5顶式样相同的帽子给他们看，并强调说："这里有两顶白帽，一顶红帽，一顶黄帽，一顶蓝帽。"接着他让4人依序坐在4级台阶上，然后叫他们闭上眼睛，又给每人戴上一顶帽子。最后，他让学生们睁开眼睛，并判断自己头上戴的帽子是什么颜色。

结果是出人意料的。虽说坐在后面的人看得见前面的人所戴帽子的颜色，但甲、乙、丙3人看了看并想了想，都摇头说猜不出来。丁坐在最前面，他看不到别人的帽色，但此时却发话了，说他已经猜到自己所戴的帽子颜色。

丁是如何断定自己的帽色呢？可能聪明的读者已经猜出了

游戏的谜底。其实丁的判断并不难，他是这样思考的：

“甲得天独厚坐得最高，能看到其余 3 人的帽子，他为什么说猜不出来呢？肯定他看到了前面有人戴着白帽。因为假如前面的人都戴杂色帽的话，那么他就能猜出自己所戴的非白帽莫属了。再说乙，她可是个聪明人，甲的想法，她自然了如指掌。那么她为什么也说猜不到呢？一定是她也看到了前面有人戴着白帽。不然的话，她就会从甲的态度和其他人的帽色，判断自己戴着白帽。最后说丙，她的智商绝不比乙低，可她为什么也说猜不到呢！理由只能是一个，就是她看到了我头上戴着白帽。”

就这样，丁从众人的否定中对自己的帽色作了肯定！

上面的游戏可以推广到多个人，但杂色帽要比人数少一，而白帽则至少两顶。推理的方法是一样的。只是无论结论是肯定的还是否定的，思维都必须符合一定的规律。

逻辑思维的基本规律是什么呢？总的说有以下 3 条：

（1）同一律：即思维应自始至终保持统一。

（2）矛盾律：即思维中两个相反或不相容的判断不能都真。

（3）排中律：在思维过程中，对一个逻辑上的判断，要么肯定，要么否定，非假即真。

以上 3 条规律，从不同角度对人类正确思维的一贯性、确定性和无矛盾性提出要求。

要指出的是：有不少人以为，由“是”与“不是”构成的句子一定是相反的判断。假如其中有一句是正确的，那么另一句就一定不正确。实际上这种看法未必都对。以下的“阿契贝难题”，可能会使你感到惊讶不已！

阿契贝喜欢研究形式逻辑，有一次他遇到下面的两句话：

“××是○○○”

“××不是○○○”

这两句中，每句前面的“××”表示相同的词，后面的“○○○”也表示相同的词。它们的区别仅在于中间的“是”与“不是”。然而，两句却都是正确的！可能有些读者会感到不可思议，其实这是由于脑中过分萦绕着“A 不等于非 A”这类形式逻辑观点的缘故。但是，如果两句话主语用词虽则相同而所代表的内容却不一样的话，那么即使表语一样，也未必会出现逻辑上的矛盾。例如：

“本句是六字句。”

“本句不是六字句。”

这就是阿契贝难题的一种解答。两句中，前一句与后一句的主语“本句”，其包含的内容是不相同的。

下面的故事将帮助你进一步熟悉逻辑思维的规律。

老虎占山为王，号令百兽。

一天，老虎肚子饿了，想变换花样搞点动物吃吃。于是招来梅花鹿、狐狸、兔子和猴子，要大家说说它嘴里的气味，以考察它们的忠诚。

梅花鹿首先被指定回答，它据实禀报，说老虎口臭很重，结果以“诽谤”罪名被杀。狐狸见势不妙，立即溜须拍马，说虎大王金口不仅不臭，而且飘香万里。不料老虎却不买这个账，公然承认自己爱吃肉，嘴里不可能是香的。狐狸也被杀了。兔子胆战心惊，两眼出血。它吸取前车之鉴，诚惶诚恐地禀报：“陛下之口很难说是臭还是不臭。”老虎听了，勃然大怒，说是决不允许骑墙折中者留存世间！最后轮到猴子，猴子挠了挠后脑，毕恭毕敬地走到老虎面前说：“大王，我最近有点感冒，鼻子不通，如能让我回去休养几天，等鼻子通了，我就能准确说出大王嘴里的气味。”老虎词穷，只好放走猴子。猴子自然乘机逃之夭夭。

故事到此为止，请读者用逻辑观点分析一下，为什么梅花鹿、狐狸和兔子都没能逃脱厄运，而唯独猴子能转危为安？猴子的话有没有违背排中律？我相信，这些问题将会伴随你度过一个愉快的夜晚！

有时人们从一些貌似正确可以接受的约定出发，经过简明而正确的推理，竟然会得出自相矛盾的结论。这样的议论称为悖论。“悖”就是混乱、冲突的意思。例如给定一个命题 A，同时会有：

$$A \rightarrow B$$

$$A \rightarrow \bar{B}$$

这里 B 与 $\bar{B}$ 同时为真，这是违背逻辑规律的。

悖论在日常生活中并不少见。某图书馆为了方便读者，将本馆藏书每册一号，编成一本“目录”。现在问：这本“目录”本身是否编入目录中？这样的问题可能会很使你为难。

古希腊是一个充满神话的国家。有这么一个传说：一条鳄鱼从一位母亲手里抢走了一个小孩。鳄鱼想吃掉这个小孩，又希望名正言顺，于是自作聪明地对这位母亲说：

“我会不会吃掉你的孩子？如果你答对了这个问题，我将把孩子不加伤害地还给你。”

这位母亲思虑片刻回答道：

“呵！呵！你要吃掉我的孩子的。”

这一来，贪婪的鳄鱼遇到了难题：说孩子母亲回答的不对吧，那么我就可以吃掉她的孩子，但她明明说我要吃掉她的孩子，这岂不又成对的了吗？如果说她的回答是对的，这就是说我要吃掉她的孩子，但我又必须把孩子不加伤害地还她！天哪！这该怎么办?!

笨拙的鳄鱼给弄懵了，为了假惺惺表示尊重诺言，只好把孩子还给了这位机智的母亲。

悖论源于相当久远的年代。著名的“说谎者”悖论出现于公元前6世纪。大意是：克利特岛上的E先生说：“克利特岛上的人是说谎者。”不难发现，无论怎样理解都将出现矛盾。

在近代数学中最有影响的是所谓“罗素悖论”。1902年，英国数学家贝特朗·罗素(Bertrand Russell，1872—1970)针对集合论初创时期基础理论不够完善，提出以下著名的问题：

“把所有集合分为两类，第一类中的集合以其自身为元素，第二类中的集合不以其自身为元素。假令第一类集合所组成的集合为P，第二类集合所组成的集合为Q，于是有

$$P=\{A\mid A\in A\}$$

$$Q=\{A\mid A\notin A\}$$

问：集合Q是属于第一类集合P呢？还是属于第二类集合Q?”

从逻辑上讲，这个问题的回答只能是“$Q\in P$”或“$Q\in Q$”两种，二者必居其一。然而无论哪种回答都会引申相反的结论。

悖论的产生，在逻辑上违背了人类正确思维所应遵循的基本规律。对素以严谨著称的数学，悖论自然不能永久允许。但它却可以促使数学家们去进行严肃的思考，并寻找导致悖论的原因，从而创造出一个至少在逻辑上完美协调、无懈可击的科学理论。

六、异曲同工的证明方法

在西方，儿乎所有的广告商都熟谙这样的命题变换艺术。当他们宣传某件产品时，例如宣传“芳香牌”美容霜吧！除了讲明该美容霜是如何的物美价廉，又如何能使人青春常驻外，之后总难免还要说上几句，如：“芳香牌美容霜，爱美青年人人喜爱，人人喜爱芳香牌美容霜！”初听起来，这似乎只是几句普通的赞美词，然而它所起的实际效果可大哩！奥妙在哪里呢？原来这后面几句，变换成等价的命题就是：“你不喜爱这种美容霜吗？那你就不是一个爱美的青年！”然而爱美是人的天性，难道哪位顾客愿意为此而“损失”爱美的天性？办法是有的，掏出钱来买一瓶美容霜不就得了！

瞧！广告商的目的就这样通过巧妙的命题变换达到

了。不过，要彻底弄清其间的奥妙，还得先从命题的真假性谈起。

在初中几何中，想必读者已经了解命题的 4 种形式：

【原命题】$P \to Q$

【逆命题】$Q \to P$

【否命题】$\bar{P} \to \bar{Q}$

【逆否命题】$\bar{Q} \to \bar{P}$

为了进一步揭示 4 种形式命题间的内在联系，我们不妨观察下例($P \to Q$)(图 6.1、表 6.1)。

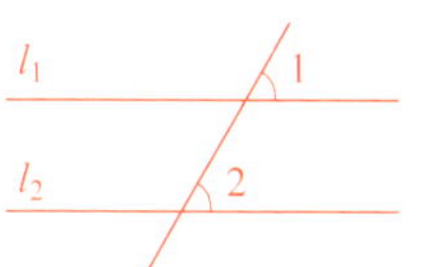

图 6.1

(1) 对顶角相等。

(2) 若 $x^2-4=0$，则 $x=2$。

(3) 两直线平行，同位角相等。

(4) 若是夜晚，必有月亮。

表 6.1　4 种形式命题间的内在联系

序号	P	Q	$\bar{P}$	$\bar{Q}$
(1)	对顶角	相等	不是对顶角	不相等
(2)	$x^2-4=0$	$x=2$	$x^2-4\neq 0$	$x\neq 2$
(3)	$l_1 /\!/ l_2$	$\angle 1=\angle 2$	$l_1 \not\parallel l_2$	$\angle 1\neq\angle 2$
(4)	夜晚	有月亮	不是夜晚	没有月亮

以上各例 4 种形式命题的真假性对应如表 6.2 所示。“1”表示命题为真，“0”表示命题为假。

表 6.2　4 种形式命题的真假性

序号	原命题 $(P\to Q)$	逆命题 $(Q\to P)$	否命题 $(\bar{P}\to\bar{Q})$	逆否命题 $(\bar{Q}\to\bar{P})$
(1)	1	0	0	1
(2)	0	1	1	0
(3)	1	1	1	1
(4)	0	0	0	0

从表 6.2 容易看出：原命题是真的，逆命题未必也真；否命题是真的，逆否命题未必也真。然而，原命题与逆否命题，逆命题与否命题，它们的真假性却是一致的。要么同时为真，要么同时为假。事实上，这种命题的等价性，并非几个例子所特有，而是普遍性的规律。例如假定原命题 $P\to Q$ 为真，如果逆否命题 $\bar{Q}\to\bar{P}$ 不真的话，那么根据排中律，必有 $\bar{Q}\to P$ 是真的。这样，我们导出：

$$\bar{Q}\to P\to Q$$

即 $\bar{Q}\to Q$，这显然违反矛盾律。从而表明逆否命题 $\bar{Q}\to\bar{P}$ 为真。也就是说，我们证明了原命题与逆否命题等价。同样，我们也可以证明逆命题与否命题等价。本节开初讲的广告，正是运用了命题的等价变换，使顾客产生一种购物的心理效应。

在数学上，命题的等价变换常被用来证明一些正面很难入手的问题，下面是一个精妙无比的实例。

大约在公元前 3 世纪，古希腊数学家埃拉托色尼(Eratosthenes，公元前 275—前 193)提出了一种编造质数表的方法。这种方法类似于筛东西,把不要的筛掉,把需要的留下来。具体做法是:将从 2 到 N 的自然数,按顺序排列成

$$2,3,4,5,\cdots,N$$

然后留下第一个 2,划去所有 2 的倍数;2 之后没被划去的第一个数是 3,留下 3,划去所有 3 的倍数;在 3 后面没被划掉的第一个数是 5,留下 5,划去所有 5 的倍数;如此继续,直至上述一列数中再也没有可划的数为止,留下来的便是 N 以内的一切质数。如表 6.3 所示,64 以内的质数共有 18 个。

表 6.3　64 以内的质数

1	2	3	4	5	6	7	8
9	10	11	12	13	14	15	16
17	18	19	20	21	22	23	24
25	26	27	28	29	30	31	32
33	34	35	36	37	38	39	40
41	42	43	44	45	46	47	48
49	50	51	52	53	54	55	56
57	58	59	60	61	62	63	64

可能会有人对这种古老的筛法不屑一顾,那可是大错而特错了。多少世纪以来,无数优秀的数学家曾经为寻找质数的解析表达式做过大量的工作,但始终没能获得成功。困扰人类 250 多年的哥德巴赫猜想,倘若有了质数的表达式,大约也不会是什么困难的问题。如今人们所编造出的 10 亿以内的质数表,

靠的依然是埃拉托色尼筛法，只是略加改进而已。

令人诧异的是：1934 年，一名年轻的东印度学生辛答拉姆(Sundaram)，提出了一种与埃拉托色尼迥然不同的筛法。辛答拉姆首先列出了一张表(表 6.4)。表中第一行和第一列都是首项为 4，公差为 3 的等差数列。从第二行开始，以后各行也是等差数列，公差分别为 5，7，9，11，13，…。

表 6.4　辛答拉姆筛法

4	7	10	13	16	19	22	…
7	12	17	22	27	32	37	…
10	17	24	31	38	45	52	…
13	22	31	40	49	58	67	…
16	27	38	49	60	71	82	…
⋮	⋮	⋮	⋮	⋮	⋮	⋮	

辛答拉姆指出：如果 N 出现在表 6.4 中，则 $2N+1$ 是合数；若 N 不在表 6.4 中，则 $2N+1$ 是质数。辛答拉姆的证明相当精彩。首先，他写出了第 n 行的第一个数

$$4+(n-1)\times 3=3n+1$$

注意到该行是公差为 $2n+1$ 的等差数列，所以此行第 m 列的数是：

$$(3n+1)+(m-1)(2n+1)=(2m+1)n+m$$

现在设 N 是表中的第 n 行第 m 列的数，则

$$N=(2m+1)n+m。$$

于是 $$\begin{aligned}2N+1&=2[(2m+1)n+m]+1\\&=(2m+1)(2n+1)\end{aligned}$$

所以是个合数。

再设 N 不在表 6.4 中。要想正面证明 $2N+1$ 是质数，是相当困难的。如果换成证明等价的逆否命题，即证“若 $2N+1$ 不是质数，则 N 必在表中”似乎要容易得多。事实上，如果

$$2N+1=x\cdot y\quad(x,y\text{ 为整数})$$

则因 $2N+1$ 为奇数，x，y 也必为奇数。不妨设

$$x=2p+1;\quad y=2q+1$$

从而 $2N+1=(2p+1)(2q+1)=2p(2q+1)+(2q+1)$

N 是表中第 p 行第 q 列的数。

综合上述，我们证明了辛答拉姆筛法的正确性。例如 18 不在表 6.4 中，则 $2\times18+1=37$ 是质数。相反，71 在表 6.4 中，则 $2\times71+1=143$ 是合数，它有因子 11 和 13。

在数学上，有时为了证明命题 R 的真实性，不是从命题 R 出发，而是从它的否定命题 $\overline{R}$ 出发，经过合理的推导，最后引出矛盾，从而得出命题 R 不能不真。这种常见而有效的证题方法，称为反证法。反证法一般包含 3 个步骤：

(1) 反设：即否定求证的结论。

(2) 归谬：即推出矛盾。矛盾一经推出，反设即被否定。

(3) 结论：即肯定原求证结论成立。

反证法常被用于证明唯一性、无理性、无限等问题。对一些

直接不易下手，或正面门类较广而反面却只有一两种的情形，也适宜用反证法。在一些问题中，命题以否定的形式出现，并伴有“至少……”“不都……”“不能……”“不是……”“没有……”“都不……”等指示性的词语，这也从侧面提醒我们尝试用反证法。辛答拉姆证明的后半部分，实际用的也是反证法。只是当初是从命题变换角度考虑罢了。

下面我们看一种有趣的“换色”游戏，它对于反证法的运用，是一个极好的练习。

在 3×3 方格里摆上 9 个围棋子（图 6.2）。游戏者每次可以更换同一行或同一列 3 个棋子的颜色。白的换成黑的，黑的换成白的。问能否通过有限次的“换色”，变成图 6.3 的样式？

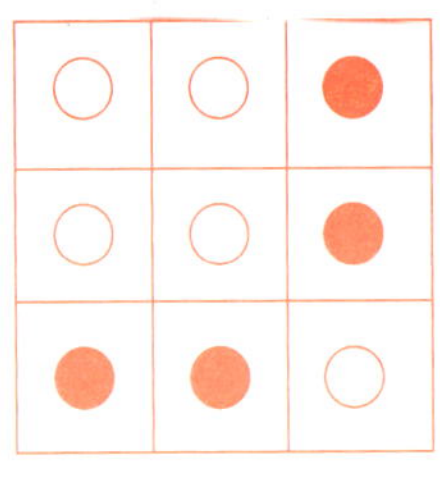
图　6.2

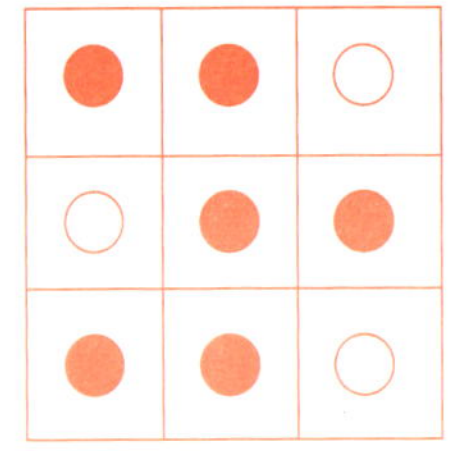
图　6.3

聪明的读者在几次尝试失败之后，一定会猜得到结论是否定的。不过，要想证明它，可得费一番脑筋哩！（解答可见“八、智力游戏的间接推理”一节）

七、维恩的图形推理法

“直观，是照亮认识途径的光辉。”这是著名教育家苏霍姆林斯基的一句名言。数学中的直观，往往有助于人们对抽象概念的理解。“集合”是一种抽象的概念，这个词可以用来表示任何一组东西。只要我们对每一特定的对象，都能说出它是否属于这个组就行。

用图形表示集合，首创于瑞士数学家莱昂哈德·欧拉(Leonhard Euler，1707—1783)。19 世纪末，英国逻辑学家约翰·维恩(John Venn，1834—1923)重新采用了这种办法，把一个集合画成一个圆。两个集合的交集就用两个相交圆的公共部分来表示；而两个集合的并集及集合 A 的补集，分别由图 7.1 阴影部分表示。这样的图称为维恩图。图中的 Ω，是全体研究

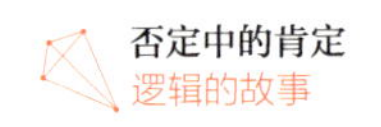

对象的集合。

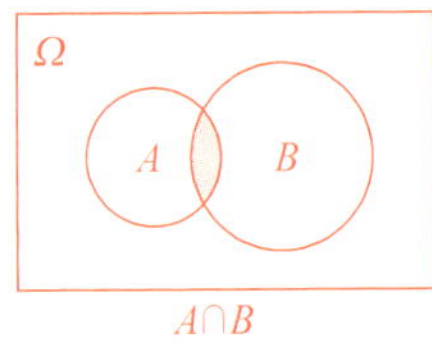

$A\cap B$

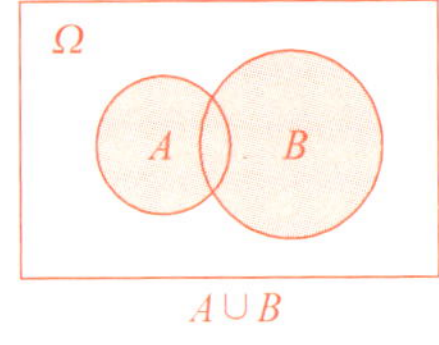

$A\cup B$

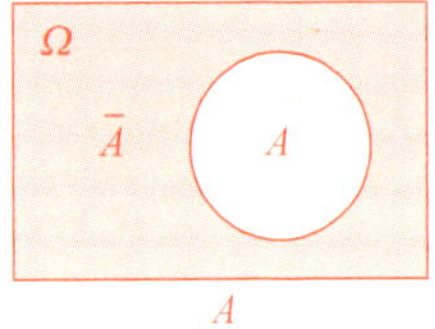

A

图 7.1

用维恩图解一些有关集合的问题，常常可以收到意外的效果。

例如，某班有学生 45 人，其中 20 人有兄弟，10 人有姐妹，有兄弟又有姐妹的只有 1 人。问该班独生子女有多少？

只要画出相应的维恩图（图 7.2），答案几乎是一目了然的。

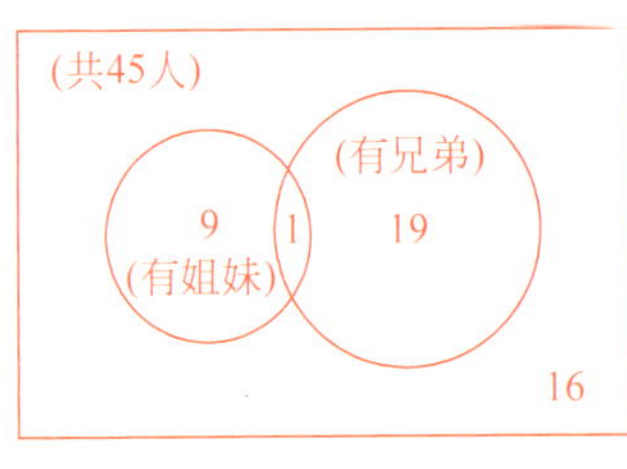

图 7.2

用维恩图作逻辑推理，大约是维恩作为逻辑学家当初的本意。在“二、演绎的科学”中，我们提到推理的三段论法。在三段论法中，我们从某些大前提和小前提出发得到了结论。如：

【大前提】所有奇数的平方除以 8 余 1

【小前提】a 为奇数

【结　论】a^2 除以 8 余 1

每一个三段论法至少含有 3 个元素或集合。每一个元素或集合都在三段论法中出现两次。如上例中含有：奇数集合，除以 8 余 1 的数的集合和元素数 a。假定奇数的平方集合为 E，除以 8 余 1 的数的集合为 M。很明显，我们有如下关系：

$$a^2 \in E, \quad E \subset M$$

相应的维恩图如图 7.3 所示，由图推出：

$$a^2 \in M$$

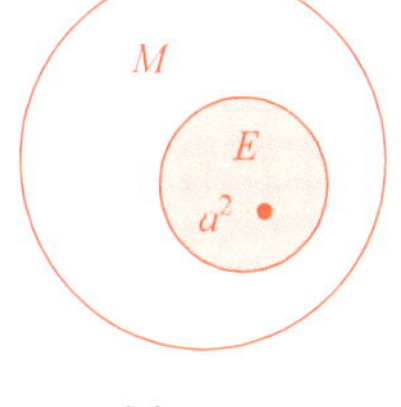

图 7.3

同样，我们可以根据某些提供的前提，通过画维恩图做出结论。例如，对于前提："有些女孩子爱逛街，所有爱逛街的人学习成绩都不理想。"

假令 A={女孩子}

B={爱逛街的人}

C={学习成绩不理想的人}

由于前提告诉我们："所有爱逛街的人学习成绩都不理想"，所以 $B \subset C$。又"有些女孩子爱逛街"，从而 A 与 B 必相交。容易根据上面的关系画出相应的维恩图(图 7.4)。图中的阴影区表示以下结论："有些女孩子成绩不理想。"

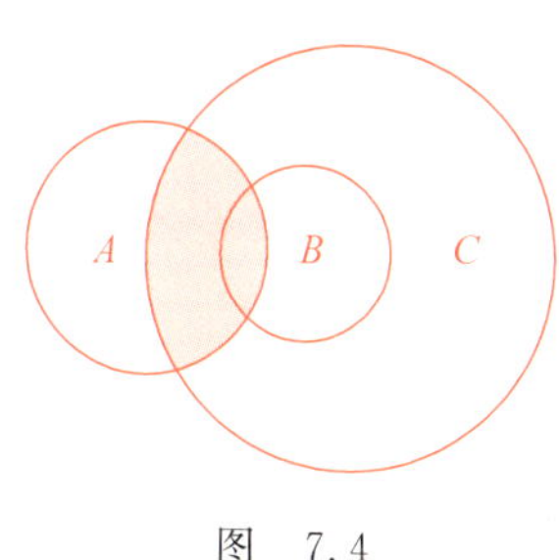

图 7.4

下面的三段论法表明了另一种关系：

【大前提】早睡早起的人(A)身体好。

【小前提】有些孩子(C)身体不好(B)。

【结论】有些孩子没有早睡早起。

由大前提知道，A、B 不相交。由小前提知道 B、C 必相交，相应的维恩图如图 7.5 所示。阴影区即为推出的结论："有些孩子没有早睡早起。"

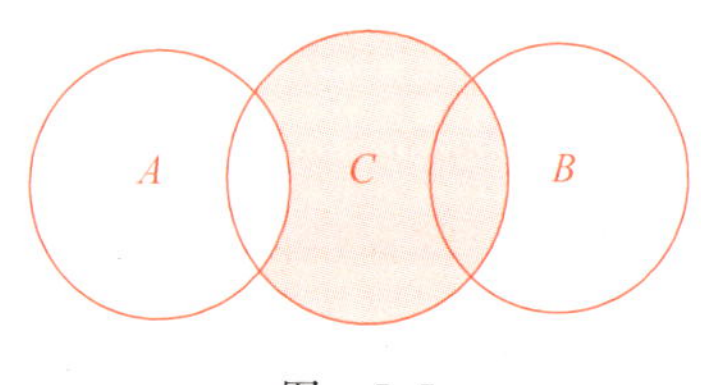

图 7.5

正如上面看到的那样，在推理过程中常会遇到"所有""有些""没有""都没有"等量词。这些量词我们通常用符号 ∀ 和 ∃ 来表示。符号 ∀ 是倒写的字母 A，这是英语单词 All(所有)的字头，而符号 ∃ 则是字母 E 的反写，它是英文 Existed(存在)的开头字母。具体用法如下：

∀　　代表"所有"，如 $\forall xP$ 表示所有的 x 满足 P；

∃　　代表"存在"，如 $\exists xP$ 表示存在 x 满足 P；

∃!　　代表"存在唯一"；

$\exists_n$　　代表"存在 n 个"。

例如对于判断："所有勤奋的学生都爱学习，有些爱学习的学生视力不好，那么有些勤奋的学生视力不好"，令：

A＝{勤奋的学生}

B＝{爱学习(的学生)}

C = {视力不好(的学生)}

则可用符号改写为

$$\forall xB, \quad \exists yC \to \exists xC$$

式中 $x \in A, y \in B$。

对于上述判断中的 A、B、C 之间的关系，由已知，A 必含于 B，B 必交于 C，从而存在以下维恩图所示的 3 种可能(图 7.6)：

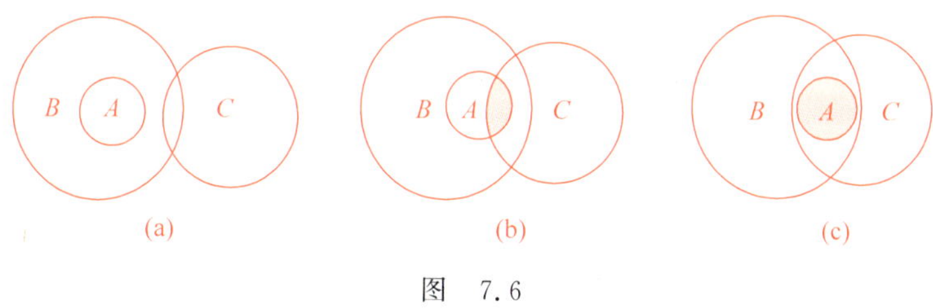

图　7.6

显然，对于图 7.6(a)的情形，所作判断的结论是不正确的。因为在这一情形中，勤奋的学生与视力不好的学生没有交叠的部分。

最后我们看一个颇为有名的路易斯·卡洛尔推理的实例。

已知：

(1) 房中所有注明日期的信都是用蓝纸写的；

(2) Mr. G 写的信都是用“亲爱的”起始的；

(3) 除 Mr. Z 以外没有人用黑墨水写信；

(4) 我能看的信都未收藏起来；

(5) 只有单页信纸的信中无一是未注明日期的；

(6) 未做记号的信都是用黑墨水写的;

(7) 用蓝纸写的信都收藏起来了;

(8) 一页以上信纸的信中无一是做记号的;

(9) 以"亲爱的"开头的信无一是 Mr. Z 写的。

求证:我不能看 Mr. G 写的信。

证明:令

$P=\{$注明日期的信$\}$

$Q=\{$蓝信纸的信$\}$

$R=\{$黑墨水写的信$\}$

$S=\{$Mr. Z 写的信$\}$

$T=\{$藏起来的信$\}$

$U=\{$我能看的信$\}$

$V=\{$单页信纸的信$\}$

$W=\{$做记号的信$\}$

$X=\{$Mr. G 写的信$\}$

$Y=\{$以"亲爱的"开头的信$\}$。

根据(1)～(9)的关系,我们可以画出以下的维恩图(图 7.7):

图中的一系列关系及其依据如下:

$S\supset R\supset \overline{W}\supset \overline{V}\supset \overline{P}$; $P\subset Q\subset T$; $\overline{T}\supset U$; $\overline{S}\supset Y\supset X$。

(3) (6) (8) (5) (1) (7) (4) (9) (2)

由上一节故事中命题变换的等价性知道,上面的关系可以换成等价的写法。如 $\overline{T}\supset U$ 可以换成 $T\subset \overline{U}$ 等。于是有:

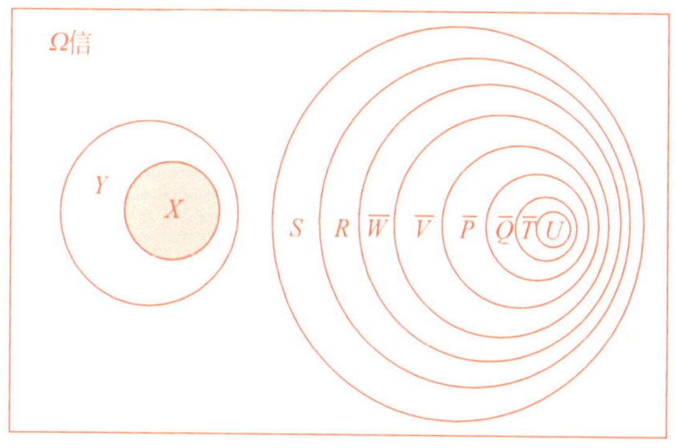

图 7.7

$\overline{U}\supset T$

$T\supset Q\supset P$

$P\supset V\supset W\supset\overline{R}\supset\overline{S}$

$\overline{S}\supset Y\supset X$

由此推知：$\overline{U}\supset X$，即 $X\rightarrow\overline{U}$。这意味着“Mr. G 写的信”应属“我不能看的信”之列。证毕。

八、智力游戏的间接推理

一道优秀的智力题，融趣味性与知识性于一体，不仅可以锻炼人们的思维和逻辑推理能力，而且对调剂娱乐生活、陶冶情操也大有裨益。

然而智力问题形形色色，大多有各自的特点。有时貌似复杂，使人无从下手，然而一旦道破天机，解决它就在反掌之间。有时看上去平淡无奇，似乎一举手便可成功，但细细想来，却是“关山险阻”，迷惘难解。

各类智力问题的难，大多难在一个“巧”字，真可谓“戏法人人会变，各有巧妙不同”。但这绝不是说它们之间没有丝毫的规律可循。事实上，本书的许多内容，正是致力于探求这类问题的推理技巧。这一节我们将要讲述的是，怎样运用间接推理的方法，即通过否定肯定、反证归谬、命题变换、反向推理等手段，去解许多类型的智力问题。

在“五、否定中的肯定”中，读者遇到过一类有趣的“猜帽色”问题，下面是另一类有趣的“猜帽色”问题。

老师为了辨别他的3个得意门生中谁更聪明些，而采用了以下的方法：事先准备好5顶帽子，其中3顶是白的，2顶是黑的。他先把这些帽子让3个人都看了看，然后要他们闭上眼睛，给每人戴上一顶帽子。实际上老师让每人戴的都是白帽，而将黑帽子藏了起来。最后再让他们睁开眼睛，并判断自己头上戴的帽子是什么颜色。

3位学生互相看了看，都犹豫了一会儿，然后又几乎同时判定出自己头上戴着白色的帽。

那么，这3位学生是怎样推断出自己的帽色呢？原来他们用的也是“分析否定信息”的方法。谜底是这样的：

3个人为什么都犹豫了一会儿呢？这只能说明他们都没有人看到两顶黑帽，也就是说三人中至多只能有一人戴黑帽。这一点在犹豫的一刹那，3个聪明的学生当然都意识到了。此时甲想："我头上戴的如果是黑帽的话，那么乙和丙应当猜出他们自己戴着白帽了，因为黑帽不可能有两人戴。然而乙、丙都在犹豫，可见我是戴白帽的！"与此同时，乙和丙也都这样想着，因此三人几乎同时脱口而出，猜对了自己的帽色。

这一"猜帽色"的游戏同样可以推广到多个人。我想，此时此刻读者一定会想象得到，游戏中的白帽与黑帽的数量，必须加以哪些限制。（答：人数 n，白帽数 n，黑帽数 2）

读者一定还记得，在"六、异曲同工的证明方法"中的那个有趣的"换色"游戏，在那里我们讲过结论是否定的。

对于否定的结论，直接证明往往很困难，但有时反证法却能奏效。事实上，假设不然，图 8.1(a)能通过"换色"变为图 8.1(b)。不妨令第 1、2、3 行棋子，分别施行了 m_1、m_2、m_3 次换色；而第 1、2、3 列棋子，分别施行了 n_1、n_2、n_3 次换色。显然，每个棋子是既接受了行的变色，又接受了列的变色。于是：

棋子 A 经 m_1+n_1 次的颜色变换，由白变黑；

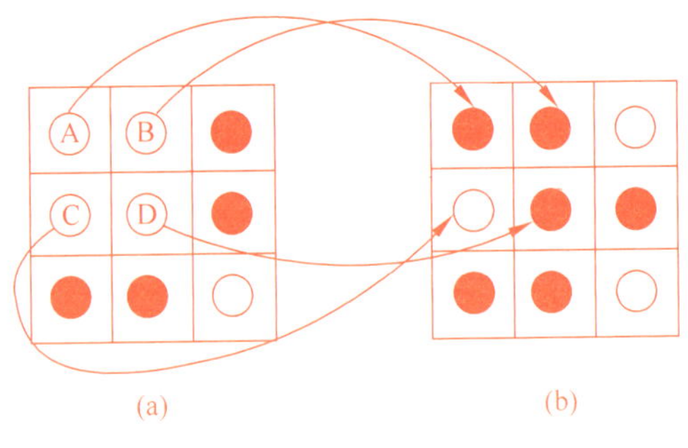

图 8.1

棋子 B 经 m_1+n_2 次的颜色变换，由白变黑，

棋子 C 经 m_2+n_1 次的颜色变换，保持白色；

棋子 D 经 m_2+n_2 次的颜色变换，由白变黑。

A、B、C、D 4 个棋子共作过

$$(m_1+n_1)+(m_1+n_2)+(m_2+n_1)+(m_2+n_2)$$
$$=2(m_1+m_2+n_1+n_2)$$

次变换颜色的操作，这显然是一个偶数。但实际上从图 8.1 中容易看出 A、B、C、D 4 个棋子所做过的总变色次数只能是奇数。这是因为偶数次的操作绝不可能把 4 个白子变为 1 白 3 黑。这一矛盾表明题中所说的换色是不可能的。

大概再没有什么问题会比以下更简洁地说明间接法的威力。这是一则十分奇特的“撒谎者”的故事：

甲说：“乙撒了谎或丙撒了谎。”

乙说：“甲撒了谎。”

丙说：“甲、乙都撒了谎。”

究竟谁撒了谎？谁说真话？

看起来这似乎是一个无头公案，因为三人都无一例外地指责别人在撒谎。然而仔细一看，各人指责的内容和形式都不相同。乙指责“甲撒了谎”是一句关键的话。因为如果乙说的是真话，那么甲便是撒谎者；如果乙是撒谎者，那么甲所说的便是真话。可见甲与乙不可能同时撒谎。然而丙却指责甲乙两人都撒了谎，这只能说明丙本身是撒谎者。丙是撒谎者，说明甲说的没有错，从而乙的指责是莫须有的，因此乙也是撒谎者。在整个

故事中只有甲是唯一说真话的人！

类似“撒谎者”的智力难题，采用变换命题的方法是很有效的。下面是又一则妙趣横生的“撒谎者”故事，留给读者做推理练习。

一个英国探险家到非洲某地探险。在宿营地附近有两个土著部落，高个子部落和矮个子部落。已知两个部落中有一个部落成员总是说真话，另一个部落成员则总是说假话。有一次探险家在路上遇到两个土人，一个高个子一个矮个子。探险家问高个子土人：“你是说真话吗？”这个土人回答说：“古姆”，小个子土人会讲英语，就解释说：“他说‘是的’，但他是个骗子。”

试问哪个部落成员说假话？（答案：高个子）

反向推理可能是解决智力难题最常用的一种方法。下面比试身高的问题，是运用这种间接方法最为典型的例子。

甲、乙、丙、丁 4 个人聚在一起，议论各自的身高：

甲说：“我肯定最高。”

乙说：“我绝不至于最矮。”

丙说：“我虽然比不上甲高，但我也不会落到最矮。”

丁说：“那只有我是最矮的了！”

为了确定谁是谁非，他们进行了现场测定。结果 4 个人中仅一人说错。问 4 个人的实际高矮如何？

如果采用直接推理，则必须分析甲乙丙丁 4 个人说错话的可能。例如甲说错话，那么甲不是最高，只能是第二、第三或最矮；与此同时乙所说的则应为事实，即乙可能是最高、第二或第三；……。这种推理过程，无疑能够继续下去。但到达成功的彼岸，航程还相当漫长。

如果采用反向推理，情况将大为改观，整个逆推的过程简洁而漂亮：丁不可能说错，否则便没有人会是最矮；既然丁说的是对的，那么乙也就同时是对的；甲不可能说对，因为如果甲说对，则丙同时也该对。但4个人都对与实测结果违背。于是最高者非乙莫属。由于甲说的是错话，那么丙所说的便是事实，他自认不如甲高，从而问题答案水落石出：

乙最高，甲第二，丙第三，丁最矮。

为了让读者有锻炼自己反向推理能力的机会，下面的问题恰到好处：

A、B、C 3名学生同时参加一次标准化考试，试题共10道，都是对错题。每道题10分，满分100分。对的做"√"记号，错的做"×"记号。3名学生的答卷如表8.1所示。

表8.1　考试答案表

学生	题号									
	1	2	3	4	5	6	7	8	9	10
A	×	×	√	√	×	×	√	×	√	×
B	√	×	√	×	√	√	×	×	×	×
C	√	√	√	×	×	√	√	√	√	√

考试成绩公布，3名学生都得70分。

试问：各道题正确答案是什么？

（答案：1、3、6、7、9为"√"）

九、巧解逻辑难题

当人类学会分析推理的时候，便开始运用自身的智慧，构造了形形色色的智力问题，以磨炼自己的思维。这些问题大致可分两类：一类问题以“巧”取胜，一类问题以“迷”见长。

以巧取胜者，巧中见智，智中含趣，集智巧与趣味于一体，可谓双绝。诸如古老的渡河问题和隔子跳难题，经历了漫漫历史长河的大浪淘沙，至今依然不乏诱人的魅力！

船夫、狼、羊和白菜的渡河问题，源于极为久远的年代：船夫要把狼、羊和白菜运过河去，但作为过渡的船，除船夫外只能运载三者之一。又要防止在人不在的情况下，狼吃掉羊或羊吃掉白菜，船夫该怎么办呢？

渡河的秘诀在于先将羊运往彼岸。

今天许多类似的渡河问题，多是由这个问题演变而来。其中最为精彩和最能反映渡河问题实质的，莫过于三人、三虎的摆渡问题：

三人三虎要从河的一岸过渡到河的另一岸。用以渡河的船只能容下或两人，或两虎，或一人一虎。三人三虎中仅有一人一虎会划船，其余只能作乘客。要防止的是：如果某处虎的数目多于人的数目，那么人将有危险！问应如何渡河。

上述渡河问题对锻炼读者的思维，是一个极好的练习。初次尝试者可先将一人一虎会划船的条件略去，看成所有人与虎都会划船，这样问题会容易得多。条件的加入，只是增添难度和趣味而已。相信这道问题将伴随你度过一个愉快的休息时刻！

隔子跳问题，相传源于古代印度，但提法与此略有不同。这是一个简单而有趣的智力问题：在桌子上沿一直线摆着 10 枚棋子，每次移动可以像图 9.1 那样，把一枚棋子跳过两枚棋子与另一枚棋子相叠。问这 10 枚棋子应怎样移，才能跳成五叠，每叠两枚棋子？

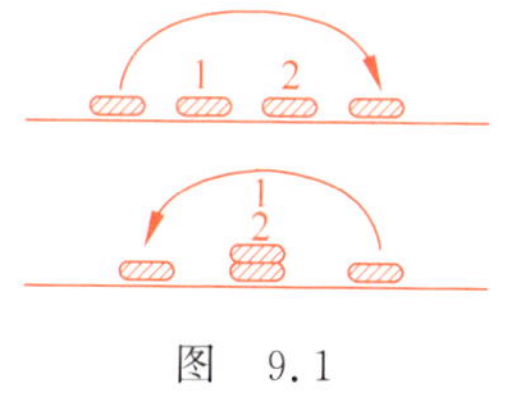

图 9.1

初看起来，这似乎没有什么困难，但实际尝试一下，就知道并不十分容易。图 9.2 给出了答案，箭号上的数字是移动顺序。

尽管上述问题构思奇特，解法隽永，足以令人拍案叫好。然

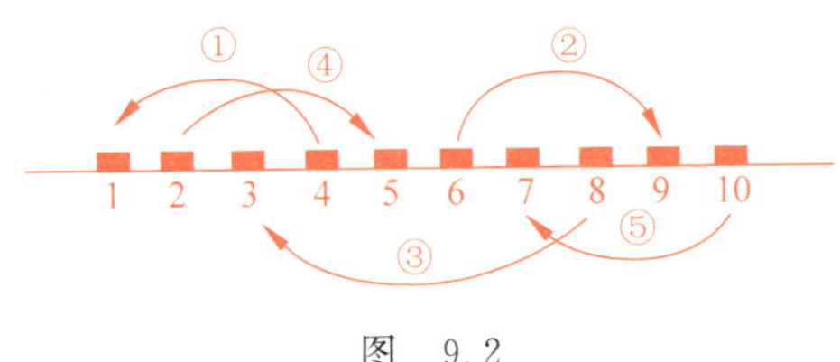

图 9.2

而它们特性迥异、曲径通幽，是很难有一般性的解法的。

另一类以谜见长的问题，起于近代，富有时代的气息。这类问题中因素繁多，信息量大，关系错综复杂，扑朔迷离。因而解这样问题，需要清晰的思路、精细的分析、严密的推理。有时会因一念之差，铸成谬误，以致陷于迷津。不过，解这类问题，却能找到若干规律。

为了探求逻辑难题的解题智巧，我们先从下面的“猜球”问题谈起。

猜球大约是所有逻辑推理中最为简单的了。3 个袋子，每个袋子各装两个球，分别是“白白”“白红”“红红”。袋子外面贴有球色的标签，但全部贴错。你只能从某个袋子里取出一个球，便能判断各个袋里装的是什么球吗？

别看这道题只有几个球,可因素间的信息却相当丰富。为了弄清其间的关系,我们列出双向表(表 9.1)。为便于分析,我们模仿坐标的写法,用[p、q]表示表中第 p 行第 q 列的格子。用“+”号表示相应的关系存在,用“0”号表示相应关系不存在。阴影部分表示相应的关系根据题意无需考虑。表 9.1 的对角线格子画阴影,是因为题中指明所有的标签都贴错。

表 9.1　球色双向表

标签	实际		
	白白	白红	红红
白白	(阴影)		
白红		(阴影)	
红红			(阴影)

从对称关系读者猜想得到,必须从标有“白红”标签的袋子中去取球。假令取出的是白球,则可立即断定此时袋中实际装着两个白球。即[2,1]=“+”。以下的推理是:

[1,1]=“0”, [2,1]=“+” → [3,1]=“0”

[2,1]=“+”, [2,2]=“0” → [2,3]=“0”

[2,3]=“0”, [3,3]=“0” →[1,3]=“+”

[1,3]=“+”, [1,1]=“0” → [1,2]=“0”

[1,2]=“0”, [2,2]=“0” →[3,2]=“+”

于是,我们得到了因素实际关系表(表 9.2)。从表 9.2 中可以看出：在这种情况下，标有“红红”标签的袋中，装的是“白红”的球，而标有“白白”的袋中，则实际装着“红红”的球。

表 9.2　球色实际关系表

标签	实际		
	白白	白红	红红
白白		0	+
白红	+		0
红红	0	+	

由于一个 m 行 n 列的表，可以处理 mn 种因素的关系。因而用表格进行推理，无疑是分析复杂逻辑问题的一种有效方法。只是需要记住，每行每列只能有一个“+”号存在。因而一旦某个位置已确定为“+”，那么它所在的行与列的其余格子都应为“0”。不过，在多数情况下“+”号并不容易确定，这时我们应尽可能多地确定出“0”，以排除若干可能，使分析缩于较小的范围。这大约是解这类问题的秘诀所在。下面的例子用以说明这种智巧，是再适当不过了。

两个人玩扑克游戏，各人手上都拿到两张牌。这是 4 张非常有趣的牌：A、K、Q、J 齐备，♣、♢、♡、♠俱全(A 当 14 点)。已知：

(1) ♣的点数比♢少；

(2) ♡的点数比另一个人手上拿的两张牌都大；

(3) ♣的点数比同一个人手上另一张牌的点数大；

(4) ♢与♠的点数和不小于♣与♡的点数和。

问这 4 张牌各是什么？

很显然，题中所有的关系可用 4×4 表格体现出来（表 9.3）。

表 9.3　牌花色与点数关系表

花色	A	K	Q	J
♣	0	0	+	0
◇	+	0	0	0
♡	0	+	0	0
♠	0	0	0	+

由(1)→$\begin{cases}[1,1]=\text{“0”}\\ [2,4]=\text{“0”}\end{cases}$

由(2)→$\begin{cases}[3,3]=\text{“0”}\\ [3,4]=\text{“0”}\end{cases}$

由(3)→[1,4]=“0”

由 $\left.\begin{array}{l}[1,4]=\text{“0”}\\ [2,4]=\text{“0”}\\ [3,4]=\text{“0”}\end{array}\right\}$→[4,4]=“+”，(♠J)

由(4)及♠J→[2,1]=“+”，(◇A)

根据“+”号所在行列补“0”的原则，接下去很容易推得[1,3]=“+”，(♣Q)；[3,2]=“+”，(♡K)。从而两人所拿到的牌分别为：◇A，♡K 和♣Q，♠J。

有一类逻辑推理难题，题中构成判断的句子同时含有真与假两种成分，如同下例：

4 名学生预测他们的考试成绩。

D 说："看来我得第一，A 得第二。"

C 说："不见得吧！我想你只能得第二，我得第三。"

B 说："我看我稳得第二，C 最后。"

A 说："那等着瞧吧！"

考试结果 B、C、D 三人各自都只说对了一半，问 4 人的实际名次如何？

我想，无须多加说明，读者一定能洞悉表 9.4 中符号的含义。

表 9.4　4 名学生名次分析表

学生	名次			
	1	2	3	4
A		D_2		
B		B_1		
C			C_2	B_2
D	D_1	C_1		

注：下角数字指代该人说的话中前句为 1，后句为 2。

推理工作可以从文字最少的行列开始，如表 9.4 的第四列。假令 $B_2[3,4]=$"+"，从而推知 $B_1=$"0"，$C_2=$"0"；又从 $C_2=$"0"推得 $C_1=$"+"；再从 $C_1=$"+"推出 $D_2=$"0"；从而 $D_1=$"+"。这样在第四行竟然出现了两个"+"号。这是不允许的！因而 $B_2\neq$"+"，即 $B_1=$"+"。以下的推理是：

$$B_1=\text{“+”}\rightarrow\begin{cases}C_1=\text{“0”}\\D_2=\text{“0”}\end{cases}\rightarrow\begin{cases}C_2=\text{“+”}\\D_1=\text{“+”}\end{cases}$$

$$\rightarrow A[1,4]=\text{“}+\text{”}$$

即知 4 人的名次依序为 D、B、C、A。

对于更为复杂的推理问题，有时需要两个或更多的表，其中一个表的某些因素关系，需要在另一个表的相应关系确定之后才能确定。例如问题：

某校三人分别是高一、初三和初二年级的学生。他们分头报名参加校运会的以下项目：铅球、跳远和标枪。现在已经知道以下情况：

(1) 甲不在高一；

(2) 在高一的学生不报铅球；

(3) 在初三的学生参加跳远；

(4) 乙既不在初三，也不报标枪。

问：甲、乙、丙 3 人分别在哪一个年级？报名参加何种项目？

显然，题中各因素的关系可以通过表 9.5 和表 9.6 体现出来：

表 9.5　3 人年级分析表

学生	高一	初三	初二
甲	0	+	
乙	0	0	+
丙	+		

表 9.6　3 人项目分析表

年级	铅球	跳远	标枪
高一	0		+
初三	0	+	0
初二	+		

由题意得：A[1,1]=“0”，A[2,2]=“0”；

$$\left.\begin{array}{l}B[1,1]=\text{“0”}\\ B[2,2]=\text{“+”}\end{array}\right\}\rightarrow\left\{\begin{array}{l}B[3,1]=\text{“+”}\\ B[1,3]=\text{“+”}\end{array}\right.$$

$$\left.\begin{array}{l}\text{情况(4)}\\ B[1,3]=\text{“+”}\end{array}\right\}\rightarrow A[2,1]=\text{“0”}$$

$$\rightarrow A[2,3]=\text{“+”}\rightarrow\left\{\begin{array}{l}A[1,2]=\text{“+”}\\ A[3,1]=\text{“+”}\end{array}\right.$$

从而得知：甲为初三学生报跳远，乙为初二学生报铅球，丙为高一学生报标枪。

读者可能已经发现，本节的许多逻辑难题，都是能够通过表式推理加以解决的。然而，表式推理的方法既不应当，也不可能是万能的“灵丹妙药”。作者只是希望通过一些例子的分析，让读者掌握这类方法的解题技巧。不过，要想让方法运用得更加娴熟和灵巧，无疑需要更多的锻炼和思考。下面的问题专门提供给喜欢动脑筋的读者。

智力推理难题

1. 5 名学生分别来自一中、二中、三中、附中和实验中学。一天,他们在图书馆相遇。互相打听一下,原来:

(1) 小华只认识两个人;

(2) 有 3 个人认识二中的学生;

(3) 小丽跟三中的学生初次相识;

(4) 附中学生认识李兵;

(5) 一中、三中和附中的学生在小学时是同班同学;

(6) 张林只认识一个人,王海只有一人不认识。

问:这 5 人各是哪个学校的学生?

(答:一中李兵,二中小丽,三中小华,附中王海,实验中学张林。)

2. 有 4 位学生,他们的姓名极为有趣:甲的名是乙的姓,乙的名为丙的姓,丙的名又为丁的姓,丁的名则为甲的姓。今知:名周的不姓林,姓宁的名是另一个人的姓,此人的名又是名江人的姓。

表 9.7 姓名关系表

姓	名			
	林	江	宁	周
林		+		0
江			+	
宁	0	0		+
周	+			

问：4 人的姓名为何？

（答：林江，江宁，宁周，周林。提示见表 9.7。）

3. 有人为班级做了好事。老师查问到 5 位同学，大家都说是别人干的。

小红说："是小华和小丽干的。"

张林说："是王海和李兵干的。"

王海说："是李兵和小华干的。"

小丽说："是小红与小华干的。"

小华说："是张林和王海干的。"

查证结果，没有一个学生讲的全对，却有一个人讲的全错。问：究竟谁做了好事？

（答：张林、小华。）

4. 这是一个极精彩的猜球游戏。

老师拿出 4 个小袋，分别给 A、B、C、D 4 名学生。每个袋子都装有大小一样的 3 个球，球色非红即白。各袋中所装球的花色都不相同。袋外贴有标签，但与袋里的实际球色对不上号。老师要每个学生从自己口袋中摸出两个球，然后猜一猜第三个球是什么颜色。

A 摸出两个红球，对照袋上的标签，猜出了第三个球的颜色。B 摸出一红一白，看了看标签，也猜出了第三个球的颜色。C 摸出两个白球，想了又想，觉得还是难以断定。这时 D 虽然没有摸球，却发话了："我已经知道我袋子中 3 个球的颜色了！"

问：D 袋中是什么色的球？他是怎么判定的？

（答：D 袋中的球两白一红。推理见表 9.8 提示。）

表 9.8　球色推理表

标签	实际			
	三白	二白一红	一白二红	三红
三白		D_1 +	D_2	
二白一红			B_2 +	
一白二红		B_1		A_1 +
三红	C_3 +	C_1	A_2	

5. 在一次国际科学讨论会上，4 名科学家相遇，用中、英、日、法 4 种语言交谈。已知 4 人中每人都只会两种语言，且只有一种语言是 3 个人都会的。又且：

（1）甲会日语，丁不会日语，但两人却能交谈；

（2）乙、丙、丁 3 人没有共同语言；

（3）没有人同时会日、法两个语种；

（4）乙不会英语，但却能充当甲、丙两人的翻译。

问：甲、乙、丙、丁各会何种语言？（答：见表 9.9。）

表 9.9　4 人语言答案

科学家	中文	英语	日语	法语
甲	+		+	
乙	+			+
丙		+		+
丁	+	+		

6. 一列从福州开往上海的列车，车长、列车员、乘警 3 人姓张、李、王（不一定对应）。车上也有 3 个姓张、李、王的旅客。已知：

(1) 姓李的旅客住在上海；

(2) 乘警的妻子在杭州工作；

(3) 姓王的旅客不知达·芬奇是哪国人；

(4) 和乘警同姓的旅客住在福州；

(5) 乘警的女儿跟旅客中画家的儿子上同一个幼儿园；

(6) 列车工作人员中，姓张的比列车员胖。

问：车长姓什么？

（答：表 9.10 为列车工作人员，表 9.11 为旅客。）

表 9.10 列车工作人员姓分析表

工作人员	车长	列车员	乘警
张	+		
王			+
李		+	

表 9.11 旅客姓分析表

旅客	上海	杭州	福州
张		+	
王			+
李	+		

十、尝试——经验与信念的支柱

1640 年,著名的法国数学家皮埃尔·费马(Pierre Fermat,1601—1665)对 2^n+1 型的质数发生了兴趣。首先,他注意到 n 不是 2 的方幂时,所得的数一定是合数。这是不难理解的。事实上,如令 $n=2^k\cdot t$,t 为大于 1 的奇数,那么

$$\begin{aligned}2^n+1&=2^{2^k\cdot t}+1=(2^{2^k})^t+1\\&=[2^{2^k}+1][(2^{2^k})^{t-1}-(2^{2^k})^{t-2}+\\&\quad(2^{2^k})^{t-3}-\cdots+1]\end{aligned}$$

费马

由于 $t>1$,上式右端第二项一定大于 1,因而此时 2^n+1 必为合数。那么究竟 $2^{2^k}+1$ 的数是质数还是合数呢?费马本人观察了前 5 个数:

$$F_1 = 2^{2^0} + 1 = 3$$

$$F_2 = 2^{2^1} + 1 = 5$$

$$F_3 = 2^{2^2} + 1 = 17$$

$$F_4 = 2^{2^3} + 1 = 257$$

$$F_5 = 2^{2^4} + 1 = 65537$$

这些数无一例外的都是质数，于是他相信自己已经找到了一个表示质数的公式。即“对于任何非负整数 k，形如 $2^{2^k}+1$ 的数为质数”。

差不多在 100 年的时间内，没有人能证明费马的这个论断，但也没有人能够推翻它。到了 1632 年，年仅 25 岁的瑞士数学家欧拉，一句话便摧毁了费马垒砌的经验与信念的支柱。欧拉指出：

$$F_6 = 2^{2^5} + 1 = 4294967297 = 641 \times 6700417$$

另一个由费马提出的更为著名的猜想：“当 $n \geqslant 3$ 时，方程：$x^n + y^n = z^n$，没有整数解。”该猜想曾长时间困惑着人类。20 世纪初，德国哥廷根科学院为此悬赏 10 万金马克征求对费马问题的完整解答。在这套丛书《未知中的已知》一册中，有一节关于费马猜测的极为动人的故事。在那里我们可以看到，300 年来人类进行了何等艰苦卓绝的工作，最终使之成为定理。

欧拉

经验为信念提供了依据。尝试既是

经验与信念的支柱，又不断改变着人类的经验与信念。美国著名数学家乔治·波利亚(George Polya，1887—1985)，在其《数学与猜想》一书中提出了以下论证推理模式(甲)与尝试推理模式(乙)：

甲：$\dfrac{\begin{array}{c}A\longrightarrow B\\ B\text{ 假}\end{array}}{A\text{ 假}}$　　乙：$\dfrac{\begin{array}{c}A\longrightarrow B\\ B\text{ 真}\end{array}}{A\text{ 更为可靠}}$

波利亚教授的模式极为清晰地告诉我们：要推翻一个结论，只需像欧拉那样，举一个反例就足够了！下面是数学上又一个具有影响的例子。

大家知道，德国数学家戴维·希尔伯特(David Hilbert，1862—1943)是20世纪最伟大的数学家之一。1900年，正当人类跨进20世纪之际，第二次国际数学家会议在巴黎召开。年仅38岁的希尔伯特，向大会提出了20世纪需要攻坚的23个问题。从那时起，希尔伯特所提的问题，成了世界数学家公认的进军目标。

1955年，著名数学家，苏联科学院院士彼得罗夫斯基宣称，为解决希尔伯特第16个问题，他得出："二次代数系统构成的微分方程组(简称E_2)，其极限环至多只有3个。"(图10.1)这一结论统治了数学界达1/4世纪之久。1979年，中国科学技术大学年轻的研究生史松龄，举出了一个E_2至少出现4个极限环的例子。一夜之间，推翻了彼得罗夫斯基的论断！

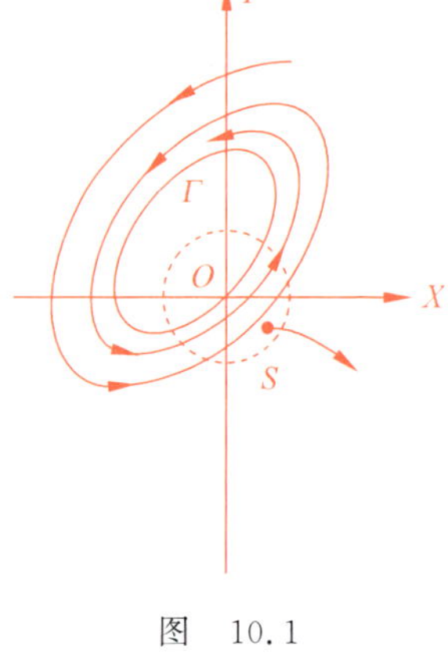

图 10.1

波利亚教授的第二个模式，即尝试推理模式，可以进一步深化，变成更为一般的：

$$A \longrightarrow B$$

乙*：B 本身很不像是可靠的

$$\frac{B\quad 真}{A\ 极为可靠}$$

$$A \longrightarrow B$$

乙**：B 本身像是十分可靠的

$$\frac{B\quad 真}{A\ 只多一点可靠}$$

丰富的经验，可以使尝试变得更加有的放矢。在模式乙*中，选取“本身很不像是可靠的”命题加以论证，将能得出“A 极为可靠”的结论。下面是令人难忘和具有历史意义的有趣例子。

瑞士著名数学家雅各布·伯努利(Jakob Bernoulli，1654—1705)生前曾感叹于自己的智力，写道：“假如有人能够求出我所不知道的，自然数平方的倒数之和

$$1+\frac{1}{4}+\frac{1}{9}+\frac{1}{16}+\frac{1}{25}+\cdots$$

并把它通知我，我将不胜感激。”

在雅各布·伯努利逝世以后，他弟弟约翰·伯努利(John Bernoulli,1667—1748)的学生，我们前面讲过的天才数学家欧拉，把上式的和计算到小数点后第六位 1.644934，并猜测它等于$\frac{\pi^2}{6}$，他选择了类似于韦达定理的方法，应用于有无穷多个根的方程，居然得出了，

$$1+\frac{1}{4}+\frac{1}{9}+\frac{1}{16}+\frac{1}{25}+\cdots=\frac{\pi^2}{6}$$

从而使自己的大胆猜测，变得极为可靠。

但是“极为可靠”毕竟不是最后结论。例如费马大定理，在英国数学家安德鲁·怀尔斯(Andrew Wiles,1953—　)于 1996 年最终攻克它之前，正确性指数上限已推进到 4100 万，但根据波利亚的模式乙，它只是使猜想的信念支柱显得更为牢靠些罢了，而对于判断费马猜想是真理还是谬误，其实并没起多大的作用。

与费马猜想齐名的另两个数学难题，一是轰动全球的“四色定理”，另一是著名的“哥德巴赫猜想”。前者已于 1976 年解决，本书将有专门的章节讲到它；后者被誉为“数学皇冠上的明珠”，在征服它的里程碑上，曾显赫地镌刻着炎黄子孙的名字。

大约在两个半世纪以前，德国数学家克里斯汀·哥德巴赫(Christian Goldteach,1690—1764)在做了大量的尝试之后，发

现一个有趣的现象：任何大于5的整数，都可以表示为3个质数的和。他相信这种由尝试所积累的信念，但他本人无法给予证明。1742年6月7日，哥德巴赫怀着兴奋的心情，把自己的猜想求教于当时颇负盛名的欧拉。欧拉经过反复研究，发现解决问题的关键在于：证明任意大于2的偶数，都能表示为两个质数的和。欧拉细心核对了如下一张长长的表：

6＝3＋3

8＝3＋5

10＝3＋7＝5＋5

12＝5＋7

14＝3＋11＝7＋7

16＝3＋13＝5＋11

18＝5＋13＝7＋11

20＝3＋17＝7＋13

22＝3＋19＝5＋17＝11＋11

24＝5＋19＝7＋17＝11＋13

26＝5＋21＝7＋19＝13＋13

28＝5＋23＝11＋17

⋮

延长这张表的每一次证实，都使欧拉对自己结论的可信度进一步增加，最后他终于坚信这是一条真理。6月30日，欧拉复信哥德巴赫，信中指出：

“任何大于 2 的偶数都是两个质数的和，虽然我还不能证明它，但我确信这是完全正确的定理。”

这就是举世闻名的哥德巴赫猜想。

近 300 年来，许多当代最为优秀的数学家在向哥德巴赫猜想进军中，进行了卓有成效的工作，包围圈正令人鼓舞地缩小。

1937 年，苏联数学家伊万・维诺格拉多夫(Иван Виноярадов，1891—1983)证明了充分大的奇数可以表示为 3 个奇质数的和。

1938 年，我国数学家华罗庚(1910—1985)证明了几乎所有偶数都可以表示为一个质数和另一个质数的幂之和，即($P_1+P_2^k$)。

1920 年，挪威数学家布朗教授另辟新径，用一种古老的筛法证明了：任何一个偶数都能表示为 9 个质数的乘积与另 9 个质数乘积的和，即所谓(9+9)。此后，这条路线上战果辉煌，在 40 年时间内突破一个接着一个：

1924 年，德国数学家证明了(7+7)；

1932 年，英国数学家证明了(6+6)；

1938—1956 年，苏联数学家相继证明了(5+5)、(4+4)和(3+3)；

1957 年，我国数学家王元证明了(2+3)；

1962 年，我国数学家潘承洞证明了(1+5)，同年他又与王元共同证明了(1+4)；

1966 年 5 月，我国青年数学家陈景润证明了(1+2)，他的证明震惊中外，被誉为“推动了群山”！

从那时起，历史的车轮又向前滚动了半个多世纪。虽说半个世纪来，无数的数学家，仍为此前仆后继，奋斗不息，然而陈景润(1933—1996)的成果，时至今日，依旧风骚独领，傲视群雄。

另一方面类似于欧拉列出的偶数(1+1)表示表，已经验证到1.3亿个，没有发现反例。

所有上述的事实和成就，根据波利亚的推理模式，都使欧拉和哥德巴赫的论断，一次比一次更为可靠。现在离目的地只有一步之遥了，但这是最为艰难的一步。谁能最终采撷到这颗“数学皇冠上的明珠”，世人正拭目以待！

十一、步向真理的阶梯

从“十、尝试——经验与信念的支柱”我们看到，尝试归纳是不完全的，增大尝试的数量只能增加猜测的可靠性，并不能使猜测与真理划等号。

17世纪末，德国数学家戈特弗里德·莱布尼茨(Gottfried Leibniz，1646—1716)在研究自然数 n 的组成方法时，发现组成方法的总数 $P(n)$ 有

$$\left.\begin{array}{l}2=2\\2=1+1\end{array}\right\}\longrightarrow P(2)=2$$

$$\left.\begin{array}{l}3=3\\3=2+1\\3=1+1+1\end{array}\right\}\longrightarrow P(3)=3$$

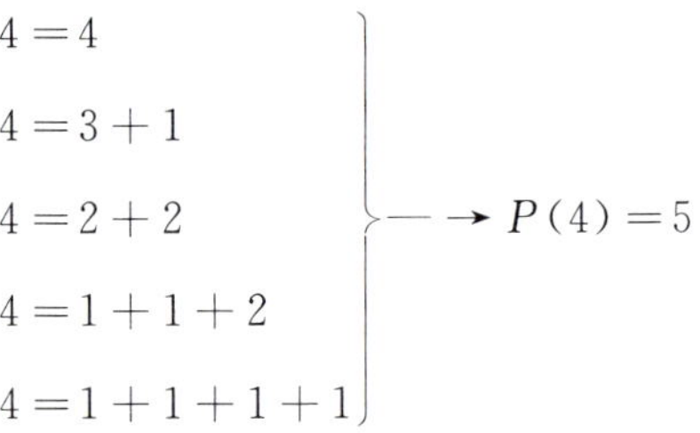

同理他求出 $P(5)=7$,$P(6)=11$。这些恰恰是头几个质数。于是莱布尼茨觉得,他似乎得到了以下结论:$P(n)$是第 $n-1$ 个质数。但当他检验数 7 的组成时,却得到 $P(7)=15$,从而否定了自己脑海中曾经闪过的一个念头。据此,莱布尼茨对不完全归纳作了如下深刻的评论:上述猜想“是骗人的归纳的极好例子”。

哥德巴赫猜想的验证工作,虽已做到 1.3 亿之巨。然而这对猜想真实性所增加的分量是极为有限的。以下例子更能说明这一问题。

考察不定方程 $x^2=4729494y^2+1$ 是否有整数解?我们把 $y=1,2,3,\cdots$依次代入方程右端,发现一直验证到

$$y=50549485234033074477819735540408986339$$

都得不到 x 的整数值。这项验证工作即使从开天辟地时做起,直至今日也未必能够结束,但依然没能得到真理。因为下一个 y 却能得出 x 的一个 45 位数的整数解。

$$x=109931986732829734979866232821433543901088049$$

下面是一道相当精妙的归纳练习，它无疑能加深读者认识不完全归纳法的局限性。

在一张纸上画 1 个圆周，可把纸面分割成两个部分；画 2 个圆周最多可把纸面分割成 4 个部分；画 3 个圆周最多可把纸面分割成 8 个部分(图 11.1)。请问画 n 个圆周最多可把纸面分割成几个部分？

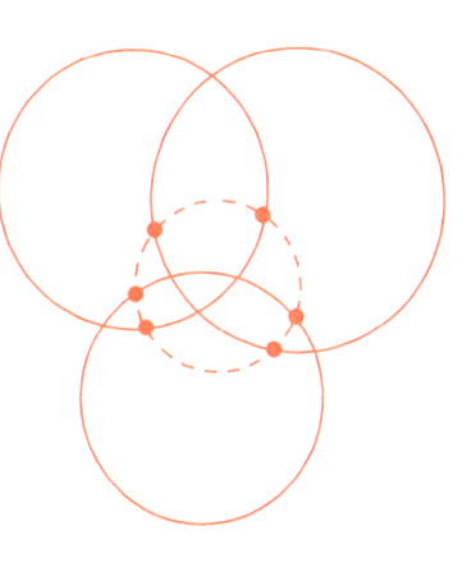

图 11.1

不过，我要提醒读者，如果你的归纳结论是 2^n，那就大错而特错了！正确的答案应该是 n^2-n+2。

那么，克服不完全归纳的局限，步向真理的阶梯该是什么呢？这就是我们即将讲述的一种科学方法——数学归纳法。

下面的故事寓意极深，它对我们理解数学归纳法的真谛，极为有益。

一位画家收了 3 个徒弟。一天，画家为了测试一下徒弟们对绘画奥妙掌握的程度，他把 3 个徒弟叫来，每人给一张纸，要他们用最经济的笔墨，画出最多的骆驼。

第一个徒弟在卷子上密密麻麻地画了一群骆驼；第二个徒弟为了节省笔墨，只画出许多骆驼头；第三个徒弟在纸上用笔勾出两座山峰，再从山谷中走出一只骆驼，后面还有一只骆驼只露出半截身子。

3 幅画稿交上去，评判结果估计读者也猜得到：最后一幅画被认定为佳作。构思巧妙，笔墨经济，以少胜多！

这第三幅画稿，只画了一只半骆驼，为何能胜于画一群骆驼呢？原因在于：第一幅画虽然画了一群骆驼，但却是有限的。第二幅画虽对第一张画作了简化，但没有改变有限数的本质。第三幅画则不同，在一只骆驼后面带出的半只骆驼，使人想象到隐没在山谷中行进着的一只又一只骆驼，似乎无法尽数。

上面故事中的道理，被移植到数学上就是：要证明一个与自然数有关的命题是真理，必须做两项工作：

（1）验证当 n 取第一个自然数 n_0 时命题成立；

（2）假设 $n=k$ 时命题成立，证明 $n=k+1$ 时命题也成立。

在完成上述两个步骤之后，便能断定命题对从 n_0 开始的所有自然数 n 都成立。这，就是数学归纳法。

上述第一步是论证命题的基础，相当于前面故事中的第一只骆驼；第二步是判断命题的正确性，能否从特殊推广到一般的依据，相当于故事中的如下事实：即如果有一只骆驼，背后必带有另一只骆驼。这样，有了第一只骆驼，便有第二只骆驼；有了第二只骆驼，便有第三只骆驼；如此等等，以至无穷！

假如有人这样夸口："我完全能够登上天堂，如果存在这种通向天堂的阶梯。同时只要我登上了第一级，并且在登上某一级之后，还有力气往上再登一级。"数学家将欣然接受这种说法！因为数学归纳法确是步向真理的阶梯。

数学归纳法的两个步骤是必不可少的：没有第二步便成了不完全归纳，其局限性无须多说。不过，第二步固然重要，第一步不能没有。没有第一步，第二步便成了空中楼阁，甚至会因此推出谬误。下面是波利亚教授为说明这一问题而精心设计的一种"证明"。他试图"证明"一个有趣的论断："任何 n 个女孩都有同样颜色的眼睛。"波利亚教授是这样写的：

"对于 $n=1$ 这句话显然是对的，剩下的是从 n 推到 $n+1$，为具体起见我将从 3 推到 4，而把一般的情形留给你。"

"让我把 4 个女孩子介绍给你，她们是 A、B、C、D。假设 A、B、C($n=3$)的眼睛具有同样的颜色；也假设 B、C、D($n=3$)的眼睛也具有同样的颜色。因此，A、B、C、D 4 个女孩子的眼睛必定

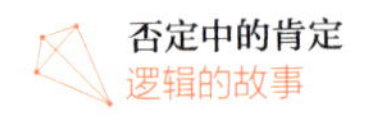

具有同样的颜色，为彻底明了起见，你可以观看下面的图示：

$$\overbrace{\text{A,B,C}}\text{,D}\quad(\text{A,}\underbrace{\text{B,C,D}})$$

这就证明了 $n+1=4$ 时的论断。又比如从 4 推到 5 的情形，当然也不会有什么困难。”

瞧！波利亚果然“推出”了所有女孩子的眼睛颜色都是相同的。但这显然与事实违背，中国女孩是黑眼睛，美国女孩却多是蓝眼睛！那么毛病究竟出在哪里呢？波利亚教授解释道：问题出在第一步，从 $n=1$ 推到 $n=2$ 不成立，因此导致了谬误。

下面我们应用数学归纳法证明一个在后面故事中将要用到的知识。这一知识涉及任意一张地图的顶点数 v（界点）、面数 f（国家）和边数 e（边界）。这是一个有重要意义和广泛应用的定理，最早由笛卡儿，而后由欧拉发现。定理断言：$v+f=e+2$。证明如下。

证明：用数学归纳法。

(1) 容易验证，当地图边数 $n=2$ 时，命题成立（图 11.2）。事实上，这时有

$$e_2=2,\quad v_2=2,\quad f_2=2$$

从而 $$v_2+f_2=e_2+2$$

(2) 假令当边数 $n=k$ 时命题成立。

即有 $$v_k+f_k=e_k+2$$

图 11.2

则当 $n=k+1$ 时，我们可以随意拆去一条边界线（如图 11.3

的 AB)。这样,原来边界数为 $k+1$ 条的地图,变成了边界数为 k 的地图。从图 11.3 容易看出,拆后地图与拆前地图相比,除边界少一条外,国家还少了一个(图中 1,2 合并),但顶点数不变。这就是说:

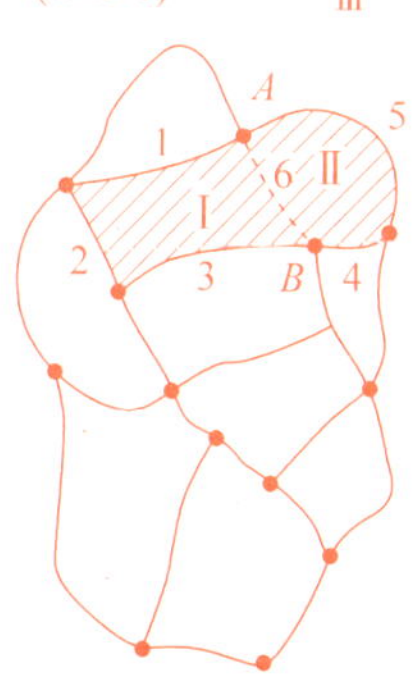

图 11.3

$$\begin{cases} e_{k+1} = e_k + 1 \\ f_{k+1} = f_k + 1 \\ v_{k+1} = v_k \end{cases}$$

从而,根据归纳假设

$$v_{k+1} + f_{k+1} - e_{k+1} = v_k + f_k - e_k = 2$$

即

$$v_{k+1} + f_{k+1} = e_{k+1} + 2$$

这说明当 $n=k+1$ 时命题依然成立。

综上,对任意边数的地图,命题 $v+f=e+2$ 都成立。

至此,我想读者已经领略到数学归纳法的神力,至于它的运用技巧,无疑需要更多的实践。不过,本节开始的分割平面的问题,倒是一道不可多得的练习。

十二、数学史上亘古未有的奇迹

1852年，毕业于英国伦敦大学并从事地图着色工作的佛朗西斯·格里斯，发现了一个奇怪的现象：无论多么复杂的地图，只要用4种颜色，就可以区分有公共边界的国家和地区。佛朗西斯觉得这中间一定有着什么奥妙，于是写信向其胞兄佛德雷克询问。佛德雷克对数学造诣颇深，但绞尽脑汁依然不得要领，只好求教于自己的老师，著名的英国数学家奥古斯都·德·摩根(Augustus De Morgan，1806—1871)。摩根教授怀着浓厚的兴趣，对此苦苦思索了几个昼夜，觉得无法判定佛德雷克所提的问题是对还是错。于是便写信给挚友，著名的数学家威廉·哈密尔顿(William Hamilton，1805—1865)探讨。哈密尔顿才华横溢，当时以发现"四元数"(一种在复数基础上扩展的新数)而饮誉欧洲。

摩根在信中希望哈密尔顿要么能证明“如果一张地图，图上任意分成许多部分，要求有共同边界的两部分涂不同颜色，那么只要 4 种颜色就够了”，要么构造出一个需要 5 种或更多种颜色的图来。

然而，智慧超人的哈密尔顿两者都没能做到。他耗费了整整 13 年心血，终于一筹莫展，抱恨逝去！

哈密尔顿去世后，又过了 13 年，一位颇有名望的英国数学家阿瑟·凯莱（Arthur Cayley，1821—1895），在一次数学年会上把这个问题归纳为“四色猜想”。并于次年，即 1879 年，在英国皇家地理会刊的创刊号上，公开征求对“四色猜想”的解答。从此，“四色问题”不胫而走，成为街谈巷议的热门话题。

但上述状态并没有持续很久。在征解消息发出的同年，一位半路出家的数学家肯普，发表了一个关于四色定理的证明。

这使曾经出现的一时轰动很快平息下来。人们普遍以为“四色猜想”已经成为历史。不料过了 11 年，即 1890 年，一个名叫赫伍德的青年，指出了肯普在证明中的错误。从而使这一沉熄了 10 年之久的问题，又激发了热议。与此同时，赫伍德匠心独运，利用肯普提供的方法，成功地证明了用 5 种颜色能够区分地图上相邻的国家。这算是在向“四色猜想”进军中第一个重大的突破！

赫伍德关于“五色定理”的证明其实并不难。首先，他对问题加以简化：即把图 12.1(a)上的每个顶点，换成围绕顶点的一个小区域。很明显，如果图 12.1(b)能够用 5 种颜色染色，那么图 12.1(a)也一定能够用 5 种颜色染色。所以今后我们就只讨论顶点是 3 个国家界点的地图。

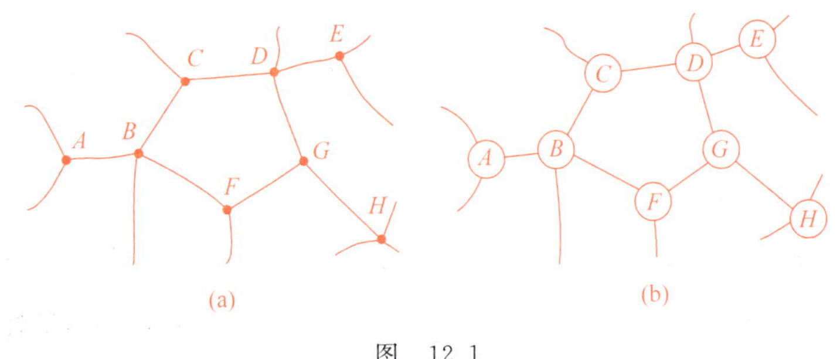

图 12.1

现在转到证明本身。设 f_2 是边界只有两个顶点的国家数，f_3 是边界有 3 个顶点的国家数，……显然，国家总数目

$$f = f_2 + f_3 + f_4 + \cdots$$

由于 f_2 这类国家有两个顶点，因而有两条边界，从而这类国家共有 $2f_2$ 条边界。同理 f_3 类国家共有 $3f_3$ 条边界。如此等等。又由于每条边界都连接着两个国家。从而，边界总数目 e 满足：

$$2e = 2f_2 + 3f_3 + 4f_4 + \cdots$$

对于顶点总数目 v，同理有

$$3v = 2f_2 + 3f_3 + 4f_4 + \cdots$$

由上两式得：$3v = 2e$

根据“十一、步向真理的阶梯”结尾证明的欧拉定理知道：

$$v + f = e + 2$$

消去 e 可得：$6f = 3v + 12$

即 $6(f_2 + f_3 + f_4 + \cdots) = (2f_2 + 3f_3 + 4f_4 + \cdots) + 12$

化简为：$4f_2 + 3f_3 + 2f_4 + f_5 = 12 + f_7 + 2f_8 + \cdots$

由于上式右端不小于 12，因而左端必有一项大于 0。这样，赫伍德便得到了一个很重要的结论：“每张交点有 3 个国家相遇的地图，至少有 1 个国家边界数不多于 5。”

接下去赫伍德用了“十一、步向真理的阶梯”讲到的数学归纳法：

证明：当国家数 $f = 2$ 时命题显然成立。

假令 $f \leqslant k$ 时命题成立。即对所有交点有 3 个国家相遇，且国家数不多于 k 的地图，可用 5 种颜色染色。

则当 $f = k + 1$ 时，根据前面讲的，这样的地图必有一个边数不多于 5 的国家。不妨令 A 就是这样的国家吧！

很明显，与国家 A 相邻的国家和区域，不外乎 3 种情况（图 12.2）：图 12.2(a)是有一个国家与 A 有两条边界，图 12.2(b)是与 A 相邻的两个国家，本身有共同的边界；图 12.2(c)是最常见的，不存在环形的情况。不难理解，无论上面 3 种情形的哪一种，在 A 的邻国中，总存在两个不相邻接的国家，如同（图 12.2）中的 A_1 与 A_3。

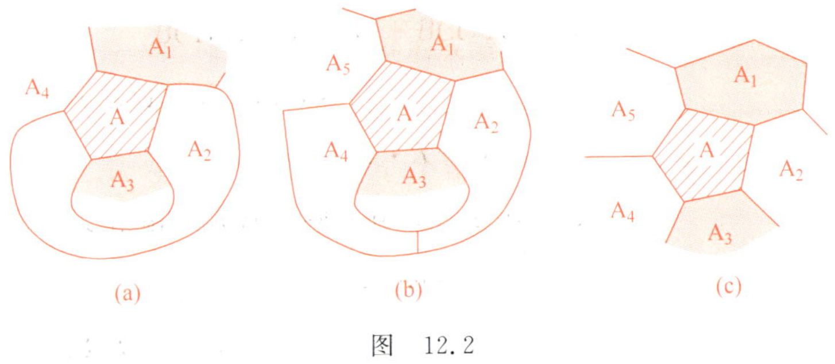

图 12.2

现在去掉 A 与 A_1、A_3 的边界，则新图有 $k-1$ 个国家，因而这样的图能用 5 种颜色染色。

设此时($A+A_1+A_3$)染甲色；A_2，A_4，A_5 分别染乙、丙、丁色。添上两条边界，变回原图，再让 A 染上第五种颜色。于是，原图已被 5 种颜色染色。

这就是说，命题对于 $f=k+1$ 也成立。

综合上述，根据归纳假设，即针对所有交点有 3 个国家相遇的地图，只要用 5 种颜色染色就足够了！

赫伍德就这样证明了五色定理。

正因为五色定理的证明不很难，所以与对待费马猜想及哥德巴赫猜想态度不同，有不少数学家小看了四色猜想。相对论的创始人，伟大物理学家爱因斯坦的数学导师赫尔曼·闵可夫斯基（Hermann Minkowski，1864—1909）教授，就是其中最为典型的一个。他认为四色猜想之所以没有解决，是因为世界上第一流的数学家还没有空去研究它。

有一次，闵可夫斯基教授给学生上课，他偶然间提到这个问题，随之即兴推演，似乎成竹在胸，写了满满一个黑板，但命题仍未得证。第二次上课，他又继续推演，结果仍旧是满怀信心进教室，垂头丧气下讲台。如此这般折腾了几个星期之后，教授终于精疲力竭。一天，他走进教室，疲惫地注视着依旧挂着“证明”的黑板。此时适逢雷电交加，他终于醒悟，并愧疚地承认：“上帝在责备我，四色问题我无能为力！”这以后，全世界数学家都掂出了“四色猜想”的沉重分量。

人类智慧面对着又一个世界难题的挑战。在正面失利之后，数学家们决定从侧面进军！

1922 年，有人证明了当国家数 $f\leqslant 25$ 时四色猜想成立；1938 年，国家数 f 推进到 32；1969 年又推进到 45。47 个春秋，仅仅使国家数推进了 20。这确是一条布满荆棘、令人生畏的路！主要困难是构形的可能性太多，需要做 200 亿次的逻辑判定，这远不是一个人的力量所能做到的！人们对此望而生畏了！

就在这时，科学的地平线上出现了一道曙光！电子计算机的运用，使四色猜想的证实有了希望。然而在 20 世纪 70 年代初，即使是电子计算机，也要连续算上 11 年多！这是何等艰难的目标，但人类并没有放弃这种机会，进军的号角吹响了！科学家们通力合作，一面不断改进方法减少判断次数，一面继续提高计算机的计算速度，使问题的解决终于有了眉目。

1976 年 9 月，美国伊利诺伊大学的数学家阿沛尔和哈肯教授，运用每秒计算 400 万次的电子计算机，在运转 1200 小时后，终于成功地完成了“四色定理”的证明工作。

电波传来，寰宇震动！数学史上的三大难题之一，在人与计算机的“合作”之下，终于被征服了！这是亘古未有的奇迹！为纪念这一历史性的时刻与史诗般的功绩，在宣布“四色定理”得证的当天，伊利诺伊大学邮局加盖了以下邮戳：

“Four colors suffice!”(4 种颜色足够了!)

十三、"外星人"的算术

在茫茫的太空中人类有知音吗?宇宙间是否只有人类才具有智慧的大脑?科学家的回答是:外星人,我们正在寻找!

大约数学的语言更具有普遍性吧!数学家们似乎想的更为深入:如果有朝一日外星人与我们交往,他们了解我们的数学语言吗?比如最简单的四则算术。

要解开这一团团的谜,还得从古代的记数法谈起。古埃及是这样来书写数字的:每个数位上的数目,是用专门符号反复书写一定次数的办法来表示。例如,2532 写成:

这里一个符号⋒所代表的数,相当于 10 个符号∩所代表的数;

而一个符号𓍢所代表的数，又相当于 10 个符号𓎆所代表的数，等等。从右到左各类符号“逢十进一”。

人类对于司空见惯的东西，总觉得是天经地义。孩子们从小就学习“逢十进一”的算术，随着年龄的增长，与这种数制打交道越来越多。很少有人怀疑并追究这种数制的由来。其实，十进制源于人类的 10 个手指。在远古年代，人们是用扳动手指来计数的。两千年前古罗马的数字和东方中国的记数符号，无疑就是这种起源的例证（表 13.1）：

表 13.1　古代各国记数符号

阿拉伯数码	1	2	3	4	5	6	7	8	9	10
古罗马数字	Ⅰ	Ⅱ	Ⅲ	Ⅳ	Ⅴ	Ⅵ	Ⅶ	Ⅷ	Ⅸ	Ⅹ
古代中国记数	𝍠	𝍡	𝍢	𝍣	𝍤	𝍥	𝍦	𝍧	𝍨	-○
古印度数码	۱	۲	۳	۴	۵	۶	۷	۸	9	10

今天，当我们写上一个数字 2532 时，实际上意味着我们使用了“逢十进一”的数制，即

$$2532 = 2 \times 10^3 + 5 \times 10^2 + 3 \times 10 + 2$$

想象得到，假如从混沌初开起，在数亿年的进化过程中，人类生就的是七手八脚。那么，我们今天的记数法一定不会是上面那样。现在我们把这种丰富的想象，施展于广袤空间的智慧生物。设想与我们交往的“外星人”，长的是只有两个光秃秃拳头的手。那么他们所用的数制大约会是“逢二进一”。

桌上放着一打铅笔，我们地球上的小学生，全都会准确无误

地写出铅笔的数目为“12”。倘若有谁写成“1100”，大家都会认为是荒谬的。然而，这却正是使用“二进制”的外星人所使用的“一打”数目的记号。为了今后不至于引起混乱，我们用下标(2)表示二进制下的数。例如：

$$1100_{(2)}=1\times 2^3+1\times 2^2+0\times 2^1+0=8+4=12;$$

$$10101_{(2)}=1\times 2^4+0\times 2^3+1\times 2^2+0\times 2^1+1$$

$$=16+4+1=21;$$

$$\vdots$$

上面几式的右端，实际表明了怎样把二进制数化为常用的十进制数。至于怎样把十进制数化为二进制数，下面提供的是一种有效的途径。比如，要把 71 写成二进制数。如下式，我们将 71 除以 2，余数写在右边。如果除尽，则写 0。

除数	被除数	余数
2	71	……1
2	35	……1
2	17	……1
2	8	……0
2	4	……0
2	2	……0
	1	……1

将商再除以 2，重复上述过程，直到商等于 1 为止。这个 1 也写到右边余数那列的最下面，再从下到上写成一行数，它便是 71 的二进制数的表示法：

$$71=1000111_{(2)}$$

读者很容易自行得到以下两种进制的数字的对照表(表 13.2)：

表 13.2　两种进制的数字对照表

十进制	二进制	十进制	二进制
1	1	9	1001
2	10	10	1010
3	11	11	1011
4	100	12	1100
5	101	13	1101
6	110	14	1110
7	111	15	1111
8	1000	16	10000

二进制的最大优点是，每个数位都只有 0 与 1 两种状态。这使得我们可以通过简单的方法，例如白与黑、虚与实、负与正、点与划、小与大、暗与亮等加以表示。表 13.3 所列的是 71 用二进制的几种表示方法。

表 13.3　71 的二进制表示法

0 与 1	1	0	0	0	1	1	1
白与黑	●	○	○	○	●	●	●
虚与实	—	…	…	…	—	—	—
负与正	+	−	−	−	+	+	+
点与划	—	.	.	.	—	—	—
小与大	○	∘	∘	∘	○	○	○

当然，二进制也有不足，正如大家看到的那样，同一个数目在二进制中要比在十进制中位数多得多。也有些问题在十进制中显得很复杂，但在二进制中却十分简单。下面一则古老而有

趣的传说，颇为生动地体现了这一点。

印度的舍罕王打算重赏国际象棋的发明者宰相西萨·班·达依尔。这位聪明的大臣向国王请求说：“陛下，请您在这张棋盘的第一个小格内，赏给我一粒麦子；在第二个小格内给两粒，第三格给四粒；照这样下去每一小格内都比前一小格加一倍。陛下啊，把这些摆满棋盘上所有64格的麦粒，都恩赐给您的仆人吧！”

国主慷慨答应了达依尔的要求。他觉得宰相的请求很容易满足。

计数工作开始了，国王很快发现自己的诺言是无法实现的，因为他需要付出的麦粒数是：

$$1+2+2^2+2^3+2^4+\cdots+2^{63}=\frac{2^{64}-1}{2-1}=2^{64}-1$$

$$=18446744073709551615$$

这是一个长达20位的天文数字！这样多的麦粒，几乎相当于当时世界2000年的小麦产量！

这个传说的结局人们并不清楚，猜想达依尔会因为国王无法忍受没完没了的债务而丢掉脑袋。

不过，我们要说的是：对于使用二进制的“外星人”，达依尔所要求的赏赐，只是一个形式简单的数字。

$$\underbrace{1111\cdots111}_{64\text{个}1}{}_{(2)}$$

读者想必对小学里背诵“九九乘法表”记忆深刻，那是一件十分辛苦而费时的事。然而对于二进制数来说，各种运算规则全都出奇的简单。任何人在半分钟之内，都能把它背得滚瓜烂熟（表 13.4、表 13.5）：

表 13.4 二进制加法表

加法	0	1
0	0	1
1	1	10

表 13.5 二进制乘法表

乘法	0	1
0	0	0
1	0	1

表 13.4 和表 13.5 的运算规则可以归纳为 8 个字："格式照旧，逢二进一。"利用这一规则，可以很容易地实现二进制数的四则运算。只是对于减法，当需要向上一位借数时，必须把上一位的 1 看成下一位的 1+1。下面是一些例子，右边列的是十进制下的对照：

【例 1】 $1101_{(2)}+110_{(2)}=?$

$$\begin{array}{r} 1101 \\ +\quad 110 \\ \hline 10011 \end{array} \qquad \begin{array}{r} 13 \\ +\quad 6 \\ \hline 19 \end{array}$$

【例 2】 $10101_{(2)}-1010_{(2)}=?$

$$\begin{array}{r} 10101 \\ -\quad 1010 \\ \hline 1011 \end{array} \qquad \begin{array}{r} 21 \\ -\quad 10 \\ \hline 11 \end{array}$$

【例 3】 $10111_{(2)}\times 101_{(2)}=?$

$$\begin{array}{r} 10111 \\ \times\quad 101 \\ \hline 10111 \\ 00000 \\ 10111 \\ \hline 1110011 \end{array} \qquad \begin{array}{r} 23 \\ \times\quad 5 \\ \hline 115 \end{array}$$

【例 4】 $110111_{(2)}\div 101_{(2)}=?$

$$\begin{array}{r} 1011 \\ 101\overline{)110111} \\ \underline{101} \\ 111 \\ \underline{101} \\ 101 \\ \underline{101} \\ 0 \end{array} \qquad \begin{array}{r} 11 \\ 5\overline{)55} \\ \underline{5} \\ 5 \\ \underline{5} \\ 0 \end{array}$$

仿照上例，读者无疑可以自行设计更多的练习。

最后我们似乎还应回到本节开初的课题上来。我们曾经设想“外星人”长着两只没有指头的手。当然，他们还可能是三头六臂，或手上长着 4 个或 8 个手指。因而他们的算术可能便是四进制、八进制，等等。但无论如何，只要“外星人”有着高度发达的大脑，他们就不可能不了解最简单的二进制数。

基于上述认识，1974 年 11 月 16 日，德瑞克和美国阿雷西博天文台的工作人员，对太空射去了象征性的一"箭"，向未知的"外星人"介绍地球。信号发往武仙座 M13 球状星团，这个星团距地球大约 2.5 万光年。

信号很短，只 3 分钟便发送完毕。内容含有 1679 个二进制单位，完全由黑白格子组成一幅有关地球知识的图像(图 13.1)。从底部开始分别是爱瑞西波望远镜、太阳系各行星的大致星图、人体形象等。最上面的一组信号，为了让读者看得更加清楚，我们把它放大(图 13.2)。读者可以取一把尺子，把尺沿对准图 13.2 的第一组箭头，那么你将惊奇地发现：尺子的上方是用黑白格子表示的二进制数 1，2，3，…，10，只是 8，9，10 中的高位已经拿下来放在左边。这组信号的含义，表明我们所使用的是二进制数解析的数学语言。第二组箭头上方，是另一组二进制数字。这是一项有关化学和生物的内容：组成地球生命的 5 种元素——氢、碳、氮、氧和磷的原子序数，自右至左依次是 1，6，7，8 和 15。

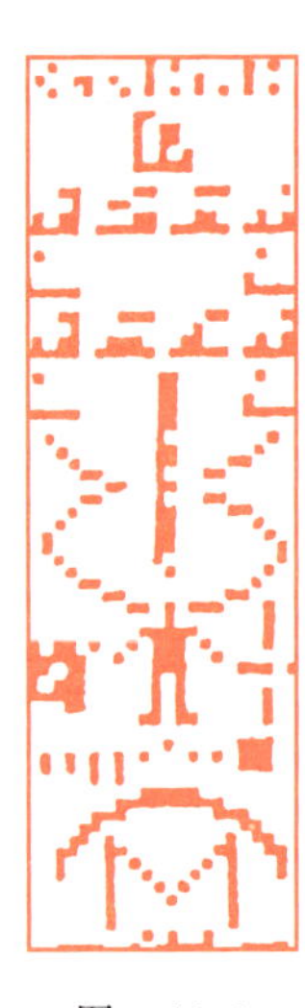
图 13.1

图　13.2

上述射束发送时所含的有效能量，约等于当时全球生产电力的 10 倍。对着 M13 星团的方向，这股能量使发射的信号比太阳亮约 1000 万倍。有 3 分钟我们是银河系最亮的星！

但愿二进制数能帮助“外星人”了解地球上的人类！

十四、魔术“猜姓”的科学原理

世界上有许多现象，光凭外观很难洞悉它内在的本质。有可能两件似乎风马牛不相及的事情，却有着千丝万缕的联系。

速算是很引人入胜的，两个十位数字相同而个位数字相补(和为 10)的数，它们的乘积可以立即写出。例如：

$$32\times 38=1216$$

$$97\times 93=9021$$

诀窍是：答案的前两位数等于十位数与十位数加 1 相乘的积，而后两位数则等于两个个位数相乘的积。

任何一个初中学生都能够用学过的代数知识去验证上面速算的正确性。但并非人人原先就懂得这种关系。当他们第一次遇见这样算法时，同样会诧异不已！

下面介绍一种奇特的乘法，大约不会有很多人一下子就想到它与二进制数的亲缘关系。

例如你要做乘法 29×17。先处理 29：把它除以 2，得到整商 14 写在 29 下面；再把 14 除以 2，又把整商 7 写在 14 下面；……如此这般，一直写到整商是 1 为止。在以上过程中，相除时是否有余数则不管。于是我们得到从上到下的一列数，29，14，7，3，1，如同表 14.1 左列。

现在再处理 17：如同表 14.1 右列，下一个数均为上一个数的两倍，从上到下依次为 17，34，68，136，272。接下来，把左列的偶数及右列同行的数划掉(表 14.2)；再把表 14.2 右列剩下的数都加起来；则所得结果 493 即为 29 与 17 的乘积。

表 14.1　计算表 1

29	*17
14	34
7	68
3	136
1	272

表 14.2　计算表 2

29	*17
~~14~~	~~34~~
7	68
3	136
1	272
	493

奥妙在哪儿呢？原来左列实际上做了把 29 化为二进制的工作。从下到上这列数的奇偶性是：

奇、奇、奇，偶、奇。

把“奇”用 1，“偶”用 0 表示，即得 11101。这就是 29 的二进制数形式。右边一列实则依次为：

$$17,17\times2^1,17\times2^2,17\times2^3,17\times2^4,$$

划去与左列的偶数同一行的数后，其和为

$$\begin{aligned}493&=17\times2^4+17\times2^3+17\times2^2+17\\&=17\times(2^4+2^3+2^2+1)\\&=17\times11101_{(2)}=17\times29\end{aligned}$$

有一种称为“猜数”的游戏，它的有趣形式，很难使人想到它与上面的算法运用着同一个原理。

游戏的道具是 5 张长方形纸片（图 14.1），各张上写着以下数字：

第一张：1,3,5,7,9,11,13,15,17,19,21,23,25,27,29,31；

第二张：2,3,6,7,10,11,14,15,18,19,22,23,26,27,30,31；

第三张：4,5,6,7,12,13,14,15,20,21,22,23,28,29,30,31；

第四张：8,9,10,11,12,13,14,15,24,25,26,27,28,29,30,31；

第五张：16,17,18,19,20,21,22,23,24,25,26,27,28,29,30,31。

图 14.1

现在你可以开始你的游戏。请你的观众随意想好一个1～31之间的数字记在心里；然后你把5张纸片让他看，请他把5张纸片中有他想的数字的那几张抽出来；那么，你把抽出来的纸片里写在最上方的数都加起来，它便是你的观众所猜的那个数！比如，观众心里想的数是21，那他抽出的纸片必定是(Ⅰ)、(Ⅲ)、(Ⅴ)，这几张纸片的上端的数字分别为1、4、16，因而你观众所想的数是：

$$1+4+16=21$$

这似乎是神奇的，其实道理也很简单，认真观察一下就知道，纸片（Ⅰ）上所有的数用二进制写都是形如

$$\times\ \times\ \times\ \times\ 1_{(2)} \qquad 1$$

的数，而纸片（Ⅱ）、（Ⅲ）、（Ⅳ）、（Ⅴ）上的数则分别形如：

$$\times\ \times\ \times\ 1\ \times_{(2)} \qquad 2$$

$$\times\ \times\ 1\ \times\ \times_{(2)} \qquad 4$$

$$\times\ 1\ \times\ \times\ \times_{(2)} \qquad 8$$

$$1\ \times\ \times\ \times\ \times_{(2)} \qquad 16$$

如果某一数字在（Ⅰ）、（Ⅲ）、（Ⅴ）中出现，而不在（Ⅱ）、（Ⅳ）中出现，那么此数必为 $10101_{(2)}=16+0+4+0+1=21$。上面式子中的 16、4 和 1，我们已经用隐蔽的方式，写在相应纸片的上端，游戏者不必去临时换算。

“猜数”游戏可以改头换面，变成一种相当精彩的小魔术：

“猜姓”。在魔术中不见任何一个数字，更无需做什么加法，而是通过穿洞式直接显示的办法，找出所要猜的姓氏来。

魔术的道具是6张像扑克牌一样的长方形卡片，一张卡片上写的是常见的32种姓氏(图14.2)，另外5张卡片设计如图14.3，画有圆圈的地方是空洞。

张	王	李	赵
吕	郑	周	黄
陈	林	刘	魏
孙	许	叶	江
毛	吴	顾	杨
杜	胡	苏	潘
邱	程	谢	余
肖	邓	高	梁

图 14.2

(1)

○	毛	○	李
○	顾	○	张
吕	○	余	○
周	○	梁	○
○	杜	○	程
○	苏	○	邓
魏	○	林	○
许	○	江	○

(2)

李	赵	○	○
周	黄	○	○
○	○	陈	林
○	○	孙	许
顾	杨	○	○
苏	潘	○	○
○	○	邱	程
○	○	肖	邓

(3)

肖	○	赵	○
○	周	○	王
杜	○	魏	○
○	叶	○	林
陈	○	杨	○
○	苏	○	吴
吕	○	余	○
○	高	○	程

(4)

○	○	○	○
毛	吴	李	赵
○	○	○	○
顾	林	张	王
○	○	○	○
陈	谢	邱	程
○	○	○	○
刘	魏	余	杨

(5)

○	○	○	○
○	○	○	○
○	○	○	○
○	○	○	○
李	周	刘	叶
赵	黄	魏	江
张	吕	陈	孙
许	郑	林	王

图 14.3

魔术表演时，你可以请你的观众看一看各张纸片上有没有他自己的姓。如果有，则该张卡片正摆；如果没有，则第(1)(2)(3)卡片左右翻，第(4)(5)卡片上下翻；然后将6张卡片对齐，把完整姓氏的卡片放在最下面(图14.4)。例如，观众的姓氏出现在第(1)(2)(3)(5)卡片中。则第(1)(2)(3)卡片均正摆；第(4)卡片上下翻；第(5)卡片正摆。5张卡片对齐后，只留下一个洞是穿过全部5张卡片的，这个洞正对着完整姓氏卡片上的“周”，这就是那位观众的姓。

	毛		李
	顾		张
吕		余	
周		梁	
	杜		程
	苏		邓
魏		林	
许		江	

图 14.4

这可是一个有趣的魔术，建议你照图样做一副道具，相信你将在同伴中引起不小的轰动哩！

十五、火柴游戏的决胜奥秘

一种受人喜爱的对策游戏的魅力在于，对策的双方都有取胜的机会。人人都可以运用自己的智慧谋求取胜的策略，人人都希望自己能比对手技高一筹。倘若一种对策游戏，对策双方对取胜之道一清二楚，大家都按某种固定的规则去应付对方，双方间的秘密已荡然无存。这样的游戏必定索然无味，对策本身也就失去了魅力。

数学家的兴趣则完全是另外一回事，他们竭尽心思想弄清各种游戏的取胜策略或取胜的可能性大小。因为他们认为，从研究对策模型所获得的数学方法，远比对策中的胜负要重要得多。不过，即使数学家们已经得出准确结论的东西，也未必能为世人所尽知。人们依旧津津乐道地玩他们自己的游戏！1912

年，德国数学家费狄南·策梅洛（Ferdinand Zermelo，1871—1953）研究了国际象棋中的对策，证明了某3种全局着法中，必定存在一种不论对方怎样行动，自己总能取胜或下成和局的着法！但这丝毫没有影响人们对于国际象棋的爱好，世界性的比赛依然一个接着一个！

还有一种极为有趣的火柴游戏，数学家们对它的研究早已一清二楚，但至今仍然深深地吸引着许多青少年爱好者，成为他们课余饭后的一种娱乐。这种游戏源于我们中国，大约100多年前传入欧洲，取名"宁蒙"，也叫中国二人游戏（Chinese Game of Nim）。

游戏的方法是这样的：有若干堆火柴，每堆火柴的数目是任意的。现有A、B两人轮流地取这些火柴，每人只能从某堆中取去若干根火柴，也可以整堆全部取走，但不允许跨堆取，即不能一次向两堆中拿。约定谁拿掉最后一根火柴就算谁赢。

数学家们已经完全掌握了这种两人游戏的制胜诀窍。为了让读者充分了解取胜的奥妙，我们先从游戏中的获胜位置讲起。

为叙述方便，我们用记号$(p,q,r,\cdots,s)$表示对策中火柴的状态。例如(2,2)表示有两堆火柴，每堆各有两根；(1,2,3)表示有三堆火柴，各堆分别为1根、2根和3根，等等。

很明显，$(1,1)^*$是一种获胜位置，这是可以直接加以验证的。$(2,2)^*$也是一种获胜位置。事实上当A拿成(2,2)后，无论B怎样应付都是A胜。

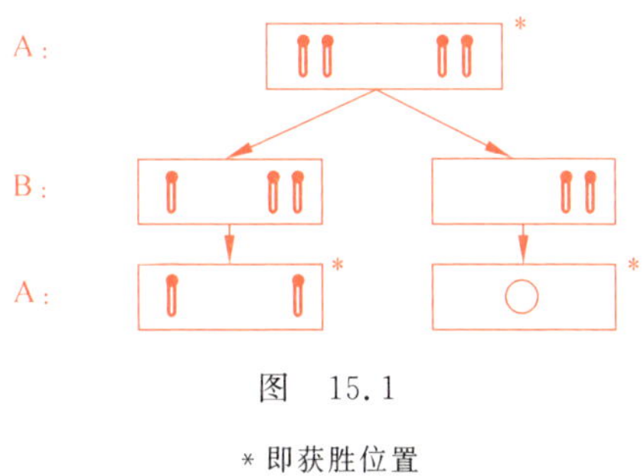

图 15.1

* 即获胜位置

同样，$(1,2,3)^*$也是获胜位置。当A拿成(1,2,3)后，B可能拿成以下几种情形：

- B拿成(2,3)，　A拿成$(2,2)^*$胜；
- B拿成(1,2,2)，　A拿成$(2,2)^*$胜；
- B拿成(1,1,3)，　A拿成$(1,1)^*$胜；
- B拿成(1,3)，　A拿成$(1,1)^*$胜；
- B拿成(1,2,1)，　A拿成$(1,1)^*$胜；
- B拿成(1,2)，　A拿成$(1,1)^*$胜。

同样分析可以知道$(n,n)^*$及$(1,2n,2n+1)^*$等都是获胜位置。那么,怎样的位置才是获胜位置呢?探索的过程无疑是很艰辛的!但读者大可不必去重蹈那曲折的认识过程,数学家们已经为我们找到了捷径。

把每一堆火柴的数目用二进制数表示出来,写成一行。于是,有几堆火柴就有几行二进制数码。例如(2,2)、(1,2,3)、(3,6,7)和(4,5,6,7)等状态,可以相应写出:

$$\begin{array}{cc} 1 & 0 \\ 1 & 0 \\ \hline 偶 & 偶 \end{array} \qquad \begin{array}{cc} & 1 \\ 1 & 0 \\ 1 & 1 \\ \hline 偶 & 偶 \end{array} \qquad \begin{array}{ccc} & 1 & 1 \\ 1 & 1 & 0 \\ 1 & 1 & 1 \\ \hline 偶 & 奇 & 偶 \end{array} \qquad \begin{array}{ccc} 1 & 0 & 0 \\ 1 & 0 & 1 \\ 1 & 1 & 0 \\ 1 & 1 & 1 \\ \hline 偶 & 偶 & 偶 \end{array}$$

把各行数对齐,并将各列数码相加(不进位),把各自结果的奇偶性写在该列的下方。如果得到的全是偶,则相应的火柴状态称为正确的状态。数学家告诉我们,正确的状态是获胜位置,不正确的状态就不是获胜位置。

道理并不难,假定 A 拿成了一种正确状态,这时各堆火柴的数目所写成的二进制数各列之和均为偶数。现在轮到 B 拿,B 不可避免地要动到某行二进制数,从而使这一行的一些 1 变成 0,而另一些 0 变成 1。这就使得一些列的和由偶变为奇,从而由正确状态变为不正确状态。

反过来,如果 B 已经拿成不正确状态,比如拿成

偶,偶,奇,偶,奇,偶。

这表明在右起第二列和第四列内，至少各有一个 1，此时有以下两种可能性：

（1）上述两个“1”在同一个二进制数内，即

$$\times\ \ \times\ \ 1\ \ \times\ \ 1\ \ \times$$

则 A 只要从这一个二进制数相应的那堆火柴里，取走 $1010_{(2)}=10$ 根，这一行的数就变为

$$\times\ \ \times\ \ 0\ \ \times\ \ 0\ \ \times$$

上式有“×”的地方，数字不变。这样，A 拿后的火柴状态变为正确状态。这时相应二进制数各列之和，包括第二列与第四列，都变为偶数。

（2）上述两个“1”不在同一行，而在两个不同的行：

$$\begin{pmatrix} \times & \times & 1 & \times & 0 & \times \\ \times & \times & 0 & \times & 1 & \times \end{pmatrix}$$

由于 $$1000_{(2)}-0010_{(2)}=8-2=6=0110_{(2)}$$

也就是说，当从上一行相应的堆取走 6 根火柴时，上面两行将变为如下状态：

$$\begin{pmatrix} \times & \times & 0 & \times & 1 & \times \\ \times & \times & 0 & \times & 1 & \times \end{pmatrix}$$

式中有“×”的地方，数字都不变。从而各列之和全为偶数。即此时 A 已拿成正确状态。

综合以上两种情形，说明如果 B 拿成不正确状态，则 A 一

定有办法把它拿回到正确状态。而 A 一旦拿成正确状态，轮到 B 拿就只能破坏这种状态，这就是说，只要 A 在游戏的某个时刻把握住了正确状态，实际上已经稳操胜券了！

我想聪明的读者大约都已掌握了火柴游戏的取胜秘诀。不过，如果对方是生手，你完全不必如临大敌。因为开始时每堆火柴数目很多，堆数也很多，你完全可以随心所欲地拿。等火柴拿得差不多时，再看准那些形如：

$$(2,2),(1,2,3),(n,n),(1,2n,2n+1)$$

之类基本获胜位置或它们的组合，你的胜利是完全不成问题的！

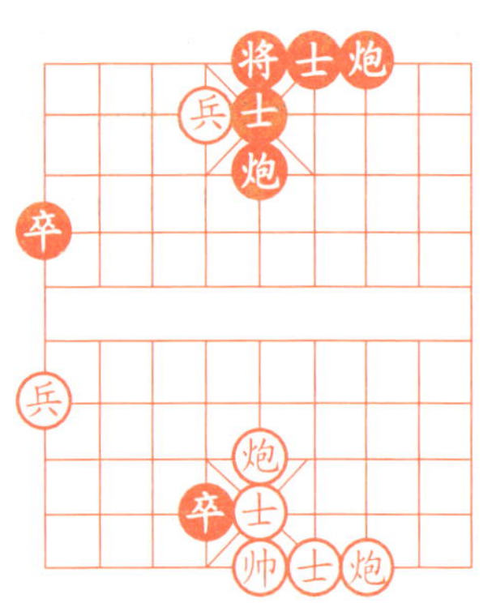

图 15.2

火柴游戏有许多有趣的变种。其中最为精彩和出人意料的是象棋中的闷宫杀（图 15.2），双方的炮均不能离行，逼近将边的兵也不该动，否则必输无疑。因此双方只有动炮及边兵，如果把可动的空位当成火柴的根数的话，那么这种棋局相当于初始状态为(1,4,8)的火柴游戏。这不是一个获胜位置，所以先走的人第一步走“炮七进三”，必定可操胜券。因为这时的状态(1,4,5)* 已是一个获胜位置。

十六、布尔先生的命题代数

正如在代数中我们习惯于用字母表示数那样，在本书的前面章节里，我们已经习惯于用字母表示命题。

下面是一个实用而有趣的命题游戏。

甲、乙两个保管员合管一个仓库。为了两人都方便，他们商量好，各自备一把锁，如同图 16.1 那样互相勾挂着。这样，只要开了甲乙两把锁中的一把，仓库门也就开了。用符号表示以下命题：

A =“甲的锁打开”

B =“乙的锁打开”

C =“仓库的门打开”

图 16.1

显然，图 16.1 情形表明：“A 或

$B \rightarrow C$”。这种命题“或”的运算，又称命题的“逻辑和”，记作 $A+B$。于是图 16.1 有

$$A+B \rightarrow C$$

后来仓库进了一批贵重物品，为了责任起见，两人约定只有同时到场才能进仓库。于是他们又把锁改成图 16.2 的挂法。即“A 与 $B \rightarrow C$”。这种命题“与”的运算，又称为命题的“逻辑乘”，记作 $A \cdot B$。从而图 16.2 有

图 16.2

$$A \cdot B \rightarrow C$$

在大多数的文献中，“逻辑和”与“逻辑乘”分别采用记号“∨”与“∧”，并称为“合取”与“析取”。本书采用大家熟悉的记号“+”与“·”，目的是希望读者能对此产生亲切感，不致因生疏的符号而望之生畏。

正如上面例子中我们所关心的是“门是否打开”一样，逻辑学家关心的是，如何判断命题的真与假。

1847 年，一位完全靠自学成才的英国数学家乔治·布尔(George Boole，1815—1864)，深刻研究了命题演算的如下规律：即当命题 A 和命题 B 同时为真时，命题 $A \cdot B$ 才能为真。特别当 A 为真时，$A \cdot A = A^2$ 才能为真。从真假性的意义讲，A^2 与 A 是等价的，即可写成 $A^2 = A$。布尔先生发现：

$$X \cdot X = X^2 = X$$

是所研究的逻辑类演算的特有规律。它不同于普通的代数运算。

它决定了逻辑变量只能取 0 和 1 两个值。布尔解释道：如果用 X 表示命题的值，那么 $X=1$ 表示命题 X 为真，$X=0$ 表示命题 X 为假。于是布尔先生得到了命题运算的真值表（表 16.1）：

表 16.1 命题运算的真值表

A	B	$A\cdot B$	$A+B$	$\bar{A}$	$\bar{B}$
1	1	1	1	0	0
1	0	0	1	0	1
0	1	0	1	1	0
0	0	0	0	1	1

利用表 16.1，很容易验证"或""与""非"3 种逻辑运算，具有以下基本性质：

（1）"或"运算的基本性质

$A+B=B+A$（加法交换律）；

$A+(B+C)=(A+B)+C$（加法结合律）；

$A+0=A$；

$A+1=1$；

$A+A=A$（加法重复律）。

（2）"与"运算的基本性质

$A\cdot B=B\cdot A$（乘法交换律）；

$A\cdot(B\cdot C)=(A\cdot B)\cdot C$（乘法结合律）；

$A\cdot 0=0$；

$A \cdot 1 = A$；

$A \cdot A = A$（乘法重复律）。

（3）“非”运算的基本性质

$A + \overline{A} = 1$；

$A \cdot \overline{A} = 0$；

$\overline{\overline{A}} = A$（双重否定律）。

（4）乘法对于加法的分配律

$$P \cdot (A + B + \cdots + C)$$
$$= P \cdot A + P \cdot B + \cdots + P \cdot C$$

就这样，布尔先生创造了一种崭新的代数系统。这种代数系统，把逻辑思维的规律，归结为代数演算的过程。从而使逻辑关系的判断与推理，复杂命题的变换与简化，终于找到了巧妙而有效的数值化的途径。例如考虑乘积 $P \cdot Q \cdot R \cdot \cdots \cdot S$，这个乘积命题肯定了它的每个分支命题的论断：如果分支命题都是真的，那么乘积命题自然也是真的，反过来如果乘积命题是真的，那么它的每个分支命题也必须是真的。用命题的真值表示，就是：

$$P \cdot Q \cdot R \cdot \cdots \cdot S = 1 \longleftrightarrow \begin{cases} P = 1 \\ Q = 1 \\ R = 1 \\ \vdots \\ S = 1 \end{cases}$$

符号“$\longleftrightarrow$”表示等价。同理，若 $P \cdot Q \cdot R \cdot \cdots \cdot S = 0$，则在 $P, Q, R, \cdots, S$，之中至少有一个真值为 0，反之亦然。

在逻辑问题中我们还经常把蕴涵命题“$P \rightarrow Q$”转换为方程 $\overline{P} + Q = 1$ 或 $P \cdot \overline{Q} = 0$。这种转换的等价性，由表 16.2 可以看得非常清楚。

表 16.2 真值表

P	Q	$\overline{P}$	$\overline{Q}$	$\overline{P}+Q$	$P \cdot \overline{Q}$
1	1	0	0	1	0
0	1	1	0	1	0
0	0	1	1	1	0

上面所讲的有关命题运算的一些知识，远非人们想象的那么枯燥无味和费解，下面的一些有趣问题，将使你领会布尔先生的代数技术是多么有用。

这是一个著名的关于判定谁有罪的智力难题。

已知：若 A 无罪，则 B 与 C 都有罪；

在 B 与 C 中必有一人无罪；

要么 A 无罪，要么 B 有罪。

问：谁有罪？

为了把逻辑推理问题化为命题代数问题，我们用 A、B、C 分别代表命题“A 有罪”“B 有罪”“C 有罪”。依题意得：

$$\begin{cases}\overline{A} \to B \cdot C, \quad \text{即有} \quad A + B \cdot C = 1 \\ \overline{B} + \overline{C} = 1 \\ \overline{A} + B = 1\end{cases}$$

由此$(A+B \cdot C)(\overline{B}+\overline{C})(\overline{A}+B)=1$

上式左端展开后给出：

$$A\overline{BA} + A\overline{B}B + A\overline{CA} + A\overline{C}B +$$

$$BC\overline{B}\,\overline{A} + BC\overline{B}B + BC\overline{C}\,\overline{A} + BC\overline{C}B = 1$$

注意到对于命题 X，有

$$X \cdot \overline{X} = 0$$

则上式左端除 $A\overline{C}B$ 一项外其余全为 0，即得

$$A\overline{C}B = 1$$

这意味着 $A=1$，$\overline{C}=1$，$B=1$。也就是说，A 和 B 是有罪的；C 是唯一的无罪者。

对于含有条件命题的推理问题，上例所用的技巧是具有普遍意义的。下面典型的例子，将使你处理这类问题的技巧得到进一步熟练和巩固。

在一次班级选举中，小华、小明和小聪都被选为班委。已知：

如果小华是体育委员，那么小明就是学习委员；

如果小华是学习委员，那么小明就是班长；

如果小明不是体育委员，那么小聪就是学习委员；

如果小聪是班长,那么小华就是学习委员。

问:各人担任什么职务?

这是一个相当困难的智力问题。为叙述方便,我们用 A、B、C 代表小华、小明和小聪,而用下标 1、2、3 分别代表担任学习委员、体育委员和班长。

依题意得:

$$\begin{cases} A_2 \to B_1, & \text{即有} \quad \bar{A}_2 + B_1 = 1 \\ A_1 \to B_3, & \text{即有} \quad \bar{A}_1 + B_3 = 1 \\ \bar{B}_2 \to C_1, & \text{即有} \quad B_2 + C_1 = 1 \\ C_3 \to A_1, & \text{即有} \quad \bar{C}_3 + A_1 = 1 \end{cases}$$

由此$(\bar{A}_2+B_1)(\bar{A}_1+B_3)(B_2+C_1)(\bar{C}_3+A_1)=1$

上式左端展开后给出

$$\bar{A}_2\bar{A}_1B_2\bar{C}_3+\bar{A}_2\bar{A}_1B_2A_1+\bar{A}_2\bar{A}_1C_1\bar{C}_3+\bar{A}_2\bar{A}_1C_1A_1+$$
$$\bar{A}_2B_3B_2\bar{C}_3+\bar{A}_2B_3B_2A_1+\bar{A}_2B_3C_1\bar{C}_3+\bar{A}_2B_3C_1A_1+$$
$$B_1\bar{A}_1B_2\bar{C}_3+B_1\bar{A}_1B_2A_1+B_1\bar{A}_1C_1\bar{C}_3+B_1\bar{A}_1C_1A_1+$$
$$B_1B_3B_2\bar{C}_3+B_1B_3B_2A_1+B_1B_3C_1\bar{C}_3+B_1B_3C_1A_1=1$$

由于不相容的命题不可能同时为真,因此上式左端除第一、三、七项外,其余各项均为 0,即得

$$\bar{A}_2\bar{A}_1B_2\bar{C}_3+\bar{A}_2\bar{A}_1C_1\bar{C}_3+\bar{A}_2B_3C_1\bar{C}_3=1$$

化简得

$$\overline{A}_2\overline{C}_3(\overline{A}_1B_2+\overline{A}_1C_1+B_3C_1)=1$$

从而推知
$$\begin{cases}\overline{A}_2=1,\quad \overline{C}_3=1\\ \overline{A}_1B_2+\overline{A}_1C_1+B_3C_1=1\end{cases}$$

注意到 $\overline{A}_2=1\rightarrow A_2=0$，这就使得 $B_3C_1=0$（否则将 $A_2=1$，出现矛盾）。于是有

$$\overline{A}_1B_2+\overline{A}_1C_1=1$$

简化得
$$\overline{A}_1(B_2+C_1)=1$$

$$\left.\begin{aligned}\left.\begin{aligned}\text{从而 }\overline{A}_1=1\rightarrow A_1=0\\ \text{又 }A_2=0\end{aligned}\right\}\rightarrow A_3=1\\ \text{又 }B_2+C_1=1\end{aligned}\right\}\rightarrow\begin{cases}B_2=1\\ C_1=1\end{cases}$$

最后的推理是因为：若 $B_2=0$，则只有 $B_1=1$，从而 $C_1=0$，这与 $B_2+C_1=1$ 矛盾。

综上，我们得到 $A_3=1$，$B_2=1$，$C_1=1$。这个结论表明：小华被选为班长，小明被选为体育委员，小聪则被选任学习委员。

亲爱的读者，从上面的例子你是否已经发现，用命题代数的技巧解这一类逻辑难题的秘诀？我想答案会是肯定的！

十七、太极八卦与命题简化

古老的文化，往往笼罩着神秘的色彩，太极八卦便是一例。八卦源于我国，相传为上古圣人伏羲氏所创。由于它结构奇特，使人有变幻莫测之感，因此古人把它用作占卜，图谶问卦，宣扬“天命”，使之又蒙上了一重迷信的烟尘。

古人认为阴阳二气是宇宙之本，所以太极八卦图的正中央画的是一对头尾相咬的阴阳鱼，周围是八组不同的“三线图”，由阴阳符号组成，阴缺阳实(图 17.1)。

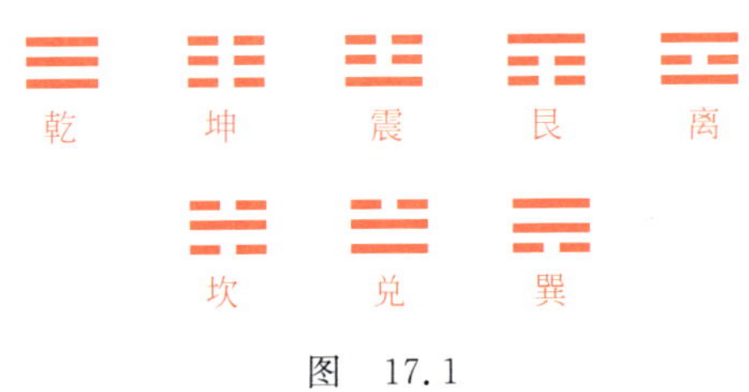

图　17.1

如果把八卦图中的“—”译为“1”，而把“- -”译为“0”，那么八卦中的三线图便与二进制数建立以下对应关系(表 17.1)：

表 17.1　八卦三线图与二进制数的关系

八卦符号	卦名	二进制码	十进制码	立体坐标
☷	坤	0 0 0	0	(0,0,0)
☳	震	0 0 1	1	(0,0,1)
☵	坎	0 1 0	2	(0,1,0)
☱	兑	0 1 1	3	(0,1,1)
☶	艮	1 0 0	4	(1,0,0)
☲	离	1 0 1	5	(1,0,1)
☴	巽	1 1 0	6	(1,1,0)
☰	乾	1 1 1	7	(1,1,1)

由此可见，八卦实际上是最早的二进制。在欧洲，二进制的

建立始于德国数学家莱布尼茨(1703 年)。

表 17.1 的最右一列,是将八卦符号改写为立体坐标的形式(图 17.2)。有趣的是:表中 8 个坐标代表的点,恰好构成空间单位正方体的 8 个顶点。读者很快就会看到,这种相当直观的立体八卦模型,在我们复合命题的简化中,将起着何等重大的作用!

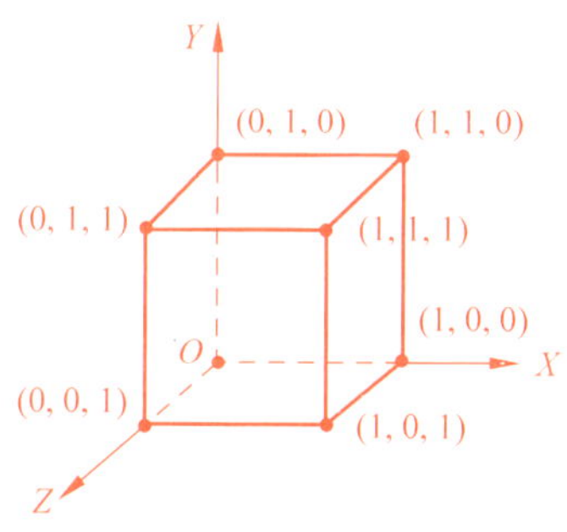

图 17.2

从“十五、火柴游戏的决胜奥秘”中我们看到,许多表示复合命题的逻辑式,是由基本命题及其否定之积相加的形式表现出来的。这样的式子称为逻辑和的标准形式。例如:

$$R = A + BC$$

$$S = A\bar{B} + \bar{B}\bar{C} + AC$$

$$T = ABC + AB\bar{C} + A\bar{B}\bar{C} + ABC$$

最后一个逻辑式,它的每一项积包含有全部的基本命题或其否定。这样的逻辑和标准形式称为“完全的”。

很明显，一个非标准形式的逻辑式，可以通过展开化为标准形式。而一个标准形式的逻辑式，又可以进一步化为完全标准形式。这只需反复应用 $X+\overline{X}=1$ 这一公式即可。例如：

$$
\begin{aligned}
R &= A+BC \\
&= A(B+\overline{B})(C+\overline{C})+(A+\overline{A})BC \\
&= ABC+AB\overline{C}+A\overline{B}C+A\overline{B}\overline{C}+\overline{A}BC
\end{aligned}
$$

$$
\begin{aligned}
S &= A\overline{B}+\overline{B}\overline{C}+AC \\
&= A\overline{B}(C+\overline{C})+(A+\overline{A})\overline{B}\overline{C}+A(B+\overline{B})C \\
&= A\overline{B}\overline{C}+A\overline{B}C+A\overline{B}\overline{C}+\overline{A}\overline{B}\overline{C}+ABC+A\overline{B}C \\
&= A\overline{B}\overline{C}+A\overline{B}C+\overline{A}\overline{B}\overline{C}+ABC
\end{aligned}
$$

读者完全可以想象得到，一个复合命题的“完全式”，可以在前面提到的立体八卦模型上表示出来，只是把 3 条坐标轴换成基本命题 A、B、C 罢了。这样，“完全式”的某个项，便表示为图 17.3 立方体中的某个顶点。标出这些顶点，便得到相应复合命题的几何模型。

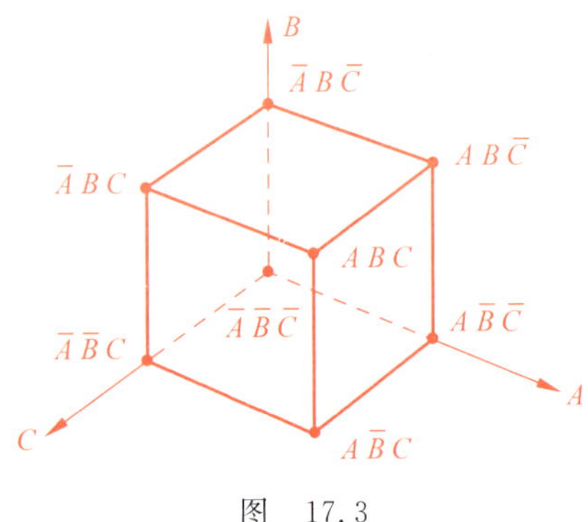

图 17.3

例如，对于复合命题

$$X = ABC + \overline{A}BC + A\overline{B}\overline{C}$$

$$Y = ABC + \overline{A}BC + A\overline{B}C + AB\overline{C}$$

我们可以分别得到如下的几何模型(图 17.4)：

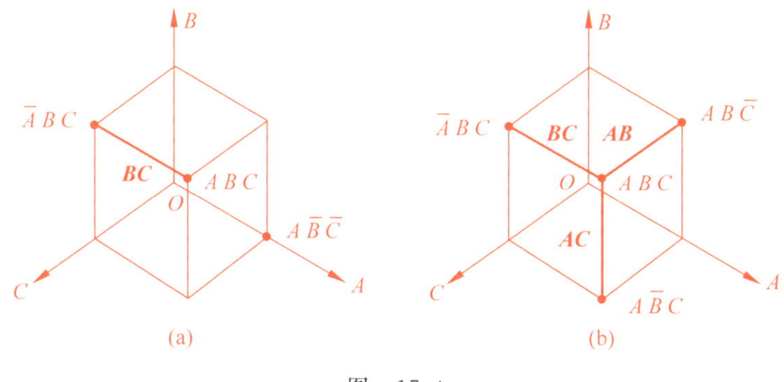

图　17.4

可能读者已经发现，图 17.4 中的某些棱已被画为粗线。这是因为当一条棱的两端同时出现在逻辑和的表示式中时，该逻辑式一定可以简化。例如图 17.4(a)的点($\overline{A}BC$)与(ABC)，由于

$$\overline{A}BC + ABC = (\overline{A} + A)BC = BC$$

这意味着它可简化为连接两点的棱 BC。由图 17.4 可知，X、Y 可简化为：

$$X = BC + A\overline{BC}$$

$$Y = AB + BC + AC$$

同理，若立体模型中某个面的 4 个顶点同时出现在逻辑和

的表示式中，那么这部分的表示式便可简化为代表这个面的一个字母。例如，前面提到的

$$T = ABC + AB\overline{C} + A\overline{B}\overline{C} + A\overline{B}C$$

右侧 4 项，分别表示图 17.5 A 面上的 4 个顶点，于是 T 可简化为 A。事实上，直接计算有：

$$\begin{aligned} T &= AB(C + \overline{C}) + A\overline{B}(\overline{C} + C) \\ &= AB + A\overline{B} = A(B + \overline{B}) \\ &= A \end{aligned}$$

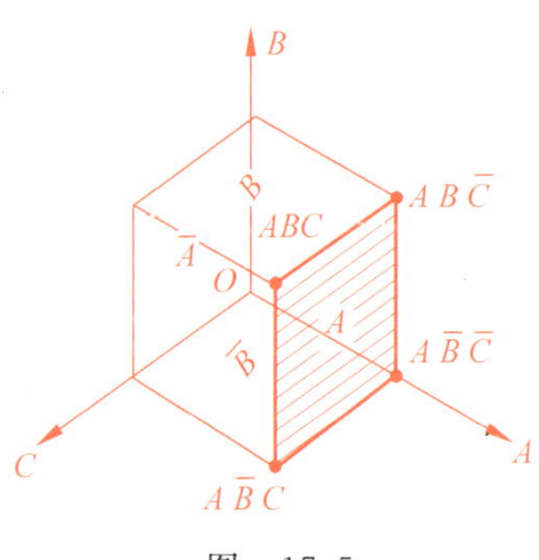

图　17.5

需要说明的是：在做命题简化的时候，我们只需从逻辑和的标准式开始就可以了。因为标准式一般比“完全式”来得简单。引进“完全式”只是为了讲解上的方便。实践上对于已经简化了的东西，是无须回到更为复杂的模式上去的。这好比马拉松比赛，此时你已经跑了 3 千米，如果你想向观众证明你有能力跑完全程，那么你完全不必回到起点去重新起跑，接下去跑到终

点就是了！

为了让读者有所仿效，下面我们举一个用立方体简化复合命题的完整例子。已知：

$$U = AB + BC + A\overline{B}C + A\overline{B}\overline{C}$$

画出命题 U 的几何模型容易看出，图 17.6 中有 4 个顶点位于 A 面上，从而命题 U 可以简化为：

$$U = A + BC$$

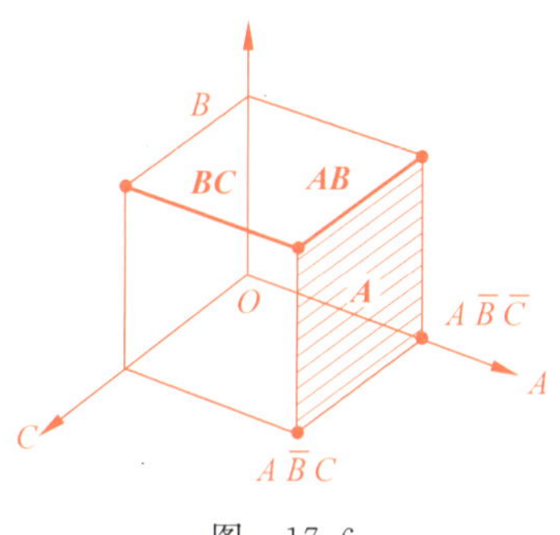

图　17.6

可能有的读者会问：前面讲的都是 3 个基本命题的情形，对于 4 个或更多基本命题的情形又该怎么办呢？要回答这个问题我们还需要许多其他知识，例如需要了解四维立方体或多维立方体的概念等。哪怕只做最粗略地介绍，也要花费巨大的篇幅，所以我们除提一下四维空间之外，其余便从略了。

提到第四维，读者可能感到有点神秘，其实我们生活的时空便是四维空间，时间就是第四维，世间的万物全都在时间的长河里流淌！我们只有用时间和空间，才能准确地描绘我们周围发生的事件。如果我们把2020年除夕之夜的地球轨道看成一个平面(图17.7)，而我们又有一个硕大无朋的立方体绕着太阳在同一平面上运转，那么时间作为第四维的意义，将更加直观地显现出来。

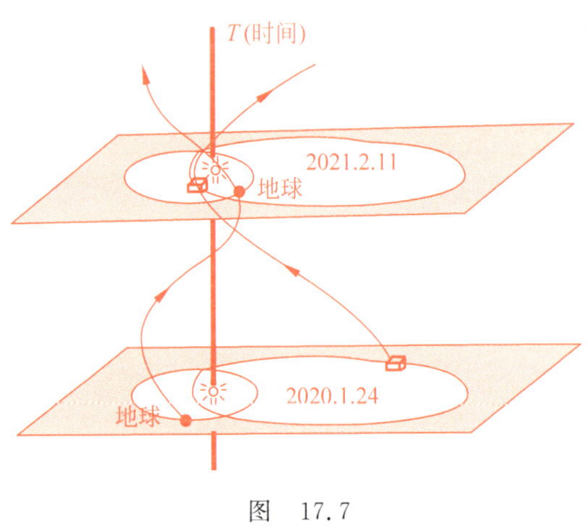

图 17.7

至于四维立方体，可以想象成一个普通的立方体，随时间推移而逐渐缩小，过单位时间之后，定格为内部的小立方体，如同图17.8所示。这可是一个奇怪而有趣的图形！它有16个顶点、24个面和32条棱！至于如何利用它去简化含有4个基本命题的复合命题，就留给读者去思考了。不过，千万别小看这道题，它可得费一番脑筋呢！

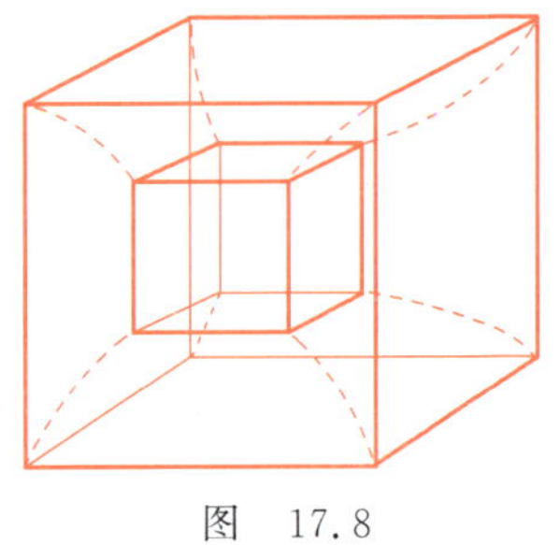

图 17.8

十八、思维机器的“脑细胞”

半个多世纪以前，英国数学家艾伦·图灵(Alan Turing，1912—1954)曾经说过：任何问题如果能表达为用机器演算的有限次操作，便能用机械来加以解决。这句话在进入电子计算机时代的今天，已经没有人怀疑了！

算盘的发明是我们祖先的骄傲。有几千年时间，算盘曾是最为先进的计算工具。然而算盘每一个算珠的拨动，都是由计算者的大脑去指挥的。

1642 年，19 岁的法国数学家布列斯·帕斯卡(Bryce Pascal，1623—1662)，发明了加法器(图 18.1)，这种机器由一系列的齿轮组合而成，目前在世界各地博物馆里还保存着 5 台。1667 年，德国数学家莱布尼茨对帕斯卡的机器加以改进，使之可以进行加减乘除，这已经十分接近现代的台式计算机了。

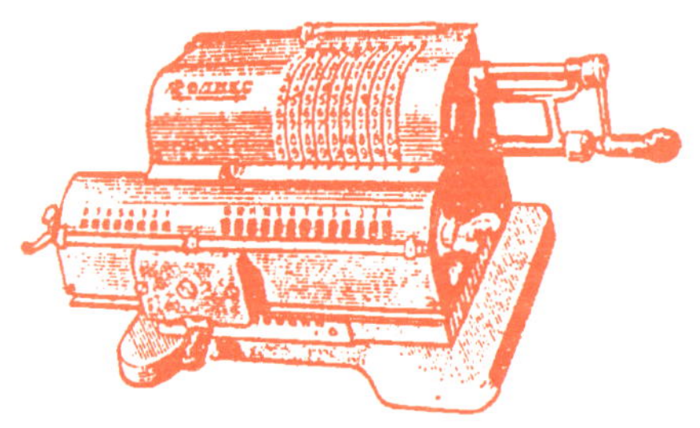

图 18.1

台式计算机的出现既是一种成就，又代表着僵化的尽头。它与人类梦寐以求的"思维机器"有着本质的不同。

大约两个世纪以前，英国数学家查尔斯·巴贝奇（Charles Babbage，1792—1871）曾经设想一种分析的机器，这种机器能够记忆、储存，进行任何数学运算，对运算的结果作比较，通过穿孔卡输入、输出指令和数据，等等。巴贝奇的想法已经与现代的电子计算机很吻合，但那个时代的技术水平，远远落后于他的思想，巴贝奇在奋斗了37年之后，终于在痛苦与失望中死去！

在巴贝奇死后75年，即1946年，他所想象的机器才由美国数学家约翰·冯·诺依曼（John von Neumann，1903—1957）等人制造出来。这就是世界上第一台电子数字计算机，它是一个占地170平方米，重30吨的庞然大物！从那时起，这种机器几经更新，"繁衍"出许多高级复杂的尖端后代。新的电子计算机采用大规模的集成电路，这些集成块（图18.2）包含有数以亿计

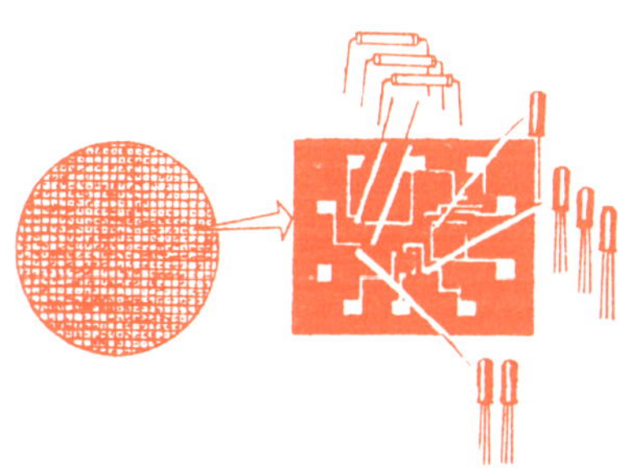

图 18.2

的开关元件和数以亿万计的高速记忆元件，但体积却小到可以与火柴头相比拟。在晶体管的集成密度上，目前世界上顶级工艺，已经达到3～5纳米。令人振奋的是：2019年12月10日，中国科学院宣布已研发出2纳米及以下工艺所需的，世界上首个自对准栅极的，叠层垂直纳米环栅晶体管。

电子计算机的运算速度是无与伦比的，在“十二、数学史上亘古未有的奇迹”中，读者已经领略到计算机的这种神力。不过，尽管目前计算机正以令人惊异的速度变得越来越神通广大，越来越精巧。它能够记忆、计算、判断和比较，甚至能够辨认。然而，在人工智能方面，模拟人类思维的尝试，计算机目前仍处于幼儿阶段，要达到成人的水准，似乎尚需时日！

在我们古老的国度，关于“思维机器”的传说是极为动人而有趣的。

据魏晋时代《列子·汤问》篇记载：相传周穆王西游时，途中遇到一位名叫偃师的巧匠，他把自己制造的一个能歌善舞的机器人献给周穆王。这个机器人走路、昂首、低头，一切都宛如真人。唱歌合于音律，跳舞应于节拍，真是惟妙惟肖、巧夺天工。周穆王以为是真实的人，便带着爱妃们一同观看。不料在表演将近结束的时候，机器人竟用眼睛向周穆王的妃子调情、挑逗！周穆王为此大怒，要杀偃师的头。偃师赶忙把机器人拆卸下来：但见里面肝肺心脾一应俱全，皮肤则是皮革涂以油漆。去其心，机器人便不会说话；摘其肺，则两眼失明；破其肾，则脚无法走路。再装配起来，跟原先看到的一模一样。最后周穆王赦免了偃师。

以上的传说，显然只是古人对于“思维机器”的丰富想象而已。要弄清真正思维机器的奥秘，还得从这种机器的“脑细胞”谈起。

在“十六、布尔先生的命题代数”中我们讲过，命题真值的信号可以相加、相乘或否定。很明显，这种能使命题的信号进行运算的逻辑元件，就是思维机器的“脑细胞”！这样的“脑细胞”有 3 类：“或门”“与门”“非门”。“或门”是具有信号相加功能的逻辑元件。图 18.3 是利用二极管构成的“或门”电路图，下方是它的逻辑图。

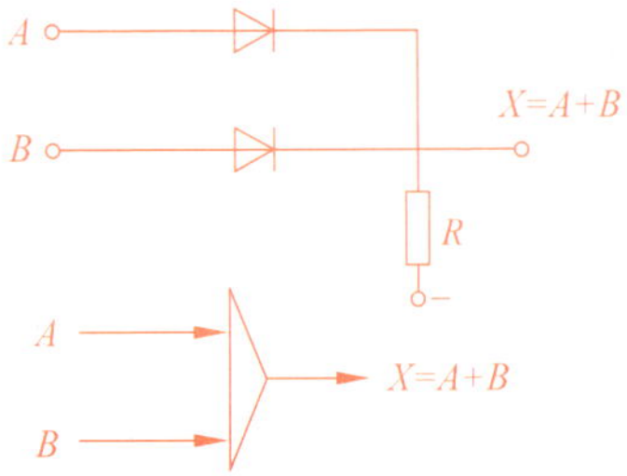

图 18.3

由于二极管具有单向导电的特性(朝箭矢方向),所以当“或门”的输入端都是低电位时(即 $A=0,B=0$),输出端 X 才是低电位。也就是说,我们有 $A+B=X$(表 18.1)。

表 18.1　$A+B=X$

A	B	X
1	1	1
0	1	1
1	0	1
0	0	0

“与门”是具有信号相乘功能的逻辑元件。

图 18.4 是利用二极管构成的“与门”电路图,上方是它的逻辑图。电学知识告诉我们,只有当输入端 A、B 都是高电位,即 $A=B=1$ 时,电阻 R 才不产生电压降。从而输出端 X 才保持高电位,即 $X=1$。也就是说,我们有 $A\cdot B=X$(表 18.2)。

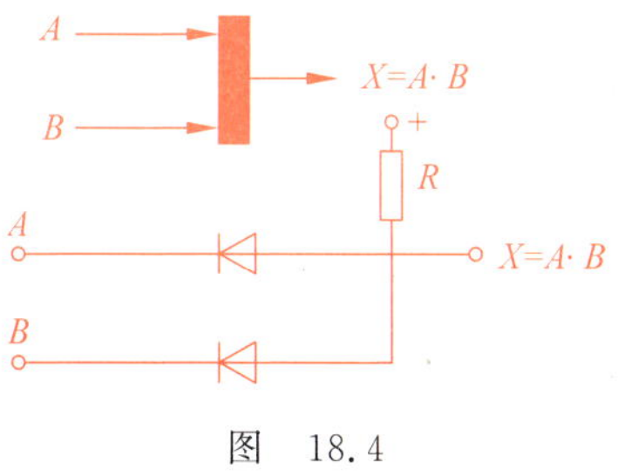

图　18.4

表 18.2　$A \cdot B = X$

A	B	X
0	0	0
0	1	0
1	0	0
1	1	1

“非门”是实现信号否定的逻辑元件。只有一个输入端和一个输出端，A 端输入，X 端输出。若 $A=1$，则 $X=0$；若 $A=0$，则 $X=1$。

图 18.5 上方是“非门”的逻辑图，下方是用一个三极管组成的“非门”电路。当输入端 A 零电位，即 $A=0$ 时，三极管中无电流。于是输出端 X 与集电极等压，即 $X=1$。反之，当 A 加上高电位，即 $A=1$ 时，三极管导电，X 端的电位降低，即 $X=0$。从而 X 与 A 为反相电路。也就是说，我们有 $X=\overline{A}$。

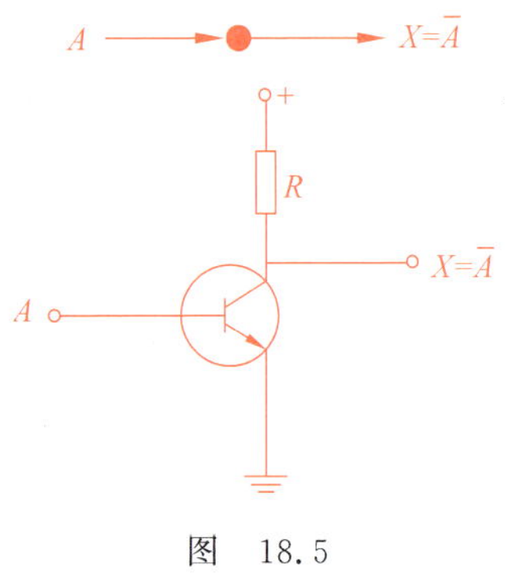

图　18.5

下面我们来看一看，上面这些思维机器的“脑细胞”是怎样配合工作的。例如我们考虑一个非常简单的二进制个位数加法。设 A、B 是输入的加数与被加数。X、Y 为输出的结果，无疑 X、Y 都能表示为 A、B 的逻辑和标准式。事实上，我们有

A	B	X	Y
0	0	0	0
0	1	0	1
1	0	0	1
1	1	1	0

$$\begin{cases} X = AB \\ Y = A\bar{B} + \bar{A}B \end{cases} \qquad \begin{array}{r} A \\ +\quad B \\ \hline X\ \ Y \end{array}$$

上面逻辑和表达式的求法，颇有一些技巧，下一节我们将要专门讲到它。这里我们预先假定已经知道它们的构造。

根据所得 X、Y 的构造，我们可以画出相应的功能图（图 18.6）。这个装置通常称为"半加法器"。

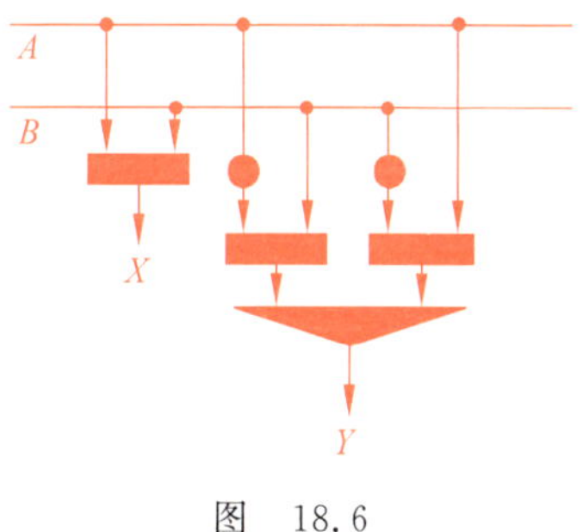

图 18.6

下面我们再看一看思维机器的"脑细胞"，是怎样判断两个数的大小的。设甲、乙是两个二进制数，假令它们的最高位的数分别为 A、B。根据图 18.7 读者不难明白：当 $\bar{A}B$ 有信号输出时，$B>A$，当 $A\bar{B}$ 有信号输出时，$A>B$；如果两者都有或都没有信号输出，则转入比较第二高位。

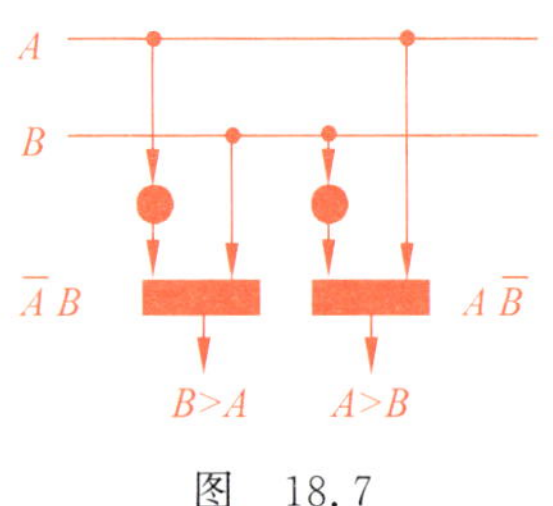

图 18.7

作为练习，建议读者自行设计一个能施行 3 个个位数相加的装置。这样的装置叫作“全加法器”，在电子计算机的运算部分可派有大用场呢！

（提示：分解为两次使用半加法器的逻辑和构造）

十九、开关电路与自动装置

“自动装置”大约是人世间最为迷人的字眼之一。

按控制论观点，自动装置是一种能够接收信号、处理信号并再次送出信号的装置。从这种意义上讲，“或”“与”“非”等逻辑元件，本身就是一种最为简单的自动装置。因为它们能把输入的信号，按一定的规律变换后再输出。

我们关心的是：如何通过一个复合命题的真值，设计一种装置来实现它。下面是一个生动而常见的例子：

一幢二层楼房，楼梯道上装着一盏路灯。在一楼厅中装有开关 A；在二楼走廊装有开关 B。要求扳动任何一只开关，都能改变路灯的亮与暗的状态。例如：最初开关 A 和 B 均处于未接通状态，路灯也暗着。现在甲为了上楼照明，在底楼扳动开

关 A，路灯 X 因此亮了，上楼后为了节省用电，又扳动二楼的开关 B，使灯 X 熄了。此时乙也要上楼，他又扳动开关 A，于是路灯又亮了；……

问应如何设计符合要求的开关线路？

把 X 看成基本命题 A、B 的复合命题，不难列出真值表（表 19.1）：

表 19.1　真值表

A	B	X
0	0	0*
0	1	1
1	1	0*
1	0	1

*：终 0 行。

为了设计一种装置，使之能够实现复合命题 X 的逻辑运算，我们首先必须弄清这一命题的结构。在“十八、思维机器的‘脑细胞’”中我们曾经提过：根据复合命题的真值表，确定其逻辑和标准式的结构，是颇有一些技巧的。其实，这种技巧并不难掌握，它可以生动地归纳为下面四句口诀：

写出所有积，比较终 0 行；

代入算真值，弃掉得 1 项。

口诀的第一句意思是：要写出所有可能的基本命题及其否定的积。由于出现在积中的每一个命题都有原型命题和否命题两种状态,因此如果问题中基本命题数为 n,那么上述可能的积共有 2^n 项。例如上例中基本命题有两个(A,B),则所有的积共有 $2^2=4$ 项,它们是

$$AB, A\bar{B}, \bar{A}B, \bar{A}\bar{B}$$

口诀的第二句开始,即告诉我们对于 2^n 项的可能的积,应如何加以取舍。关键是“比较终 0 行”。“终 0 行”是指最终输出为“0”的那些行,正如上例的真值表中我们打有“*”号的第一行和第三行。接下去是把这些行相应的 A、B 代入所有的项,分别算出各项的真值。如果某项算出的真值为 1,那么该项必须舍弃。没有被舍弃的项相加,即得所求的逻辑和结构式。这便是口诀的结论。对于上例,我们把打有“*”行的 A、B 值代入所有的 4 个项。有:

(1) 当 $A=0$,$B=0$ 时,$\bar{A}\bar{B}=1$,则 $\bar{A}\bar{B}$ 项弃去;

(2) 当 $A=1$,$B=1$ 时,$AB=1$,则 AB 项弃去。

这样,在所有 4 项中只留下 AB 与 AB 两项。于是得

$$X=\bar{A}B+A\bar{B}$$

相应于这一复合命题的机能图如图 19.1,图 19.2 是实现这种自动装置的开关电路图。

归纳一下本节和上节所见到的例子,我们知道:设计一个关于复合命题 X 的自动装置,大体可以分以下几个步骤:

(1) 列出复合命题 X 的真值表;

(2) 确定 X 的逻辑和结构;

(3) 简化 X 的逻辑式;

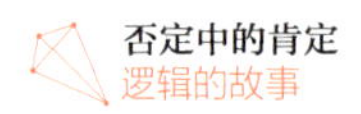

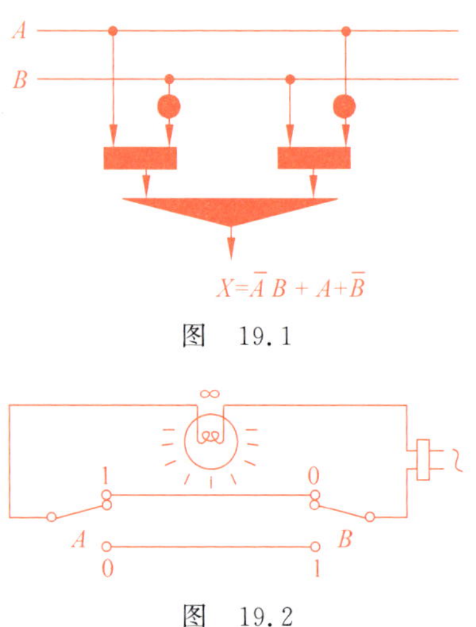

图　19.1

图　19.2

（4）画出相应的机能图；

（5）选择逻辑元件，确定自动装置的电路图。

对大多数读者来说，电灯的开关要远比二极管或三极管等电子元件来得熟悉。开关的通与断，可以用来表示命题的真值。而整个复合命题的真假，则由灯泡来指示。灯亮了，表示复合命题为真；灯不亮，表示复合命题为假。因而布尔先生的命题代数，有时也叫作“开关代数”。

开关电路的逻辑元件如图 19.3 所示。

在“十六、布尔先生的命题代数”中我们讲过，蕴涵关系 $A\rightarrow B$ 的真假性与 $\overline{A}+B$ 相同，而后者是“非 A”和 B 的“或”电路（图 19.4）。

利用上面开关电路的逻辑元件，我们可以根据机能图确定

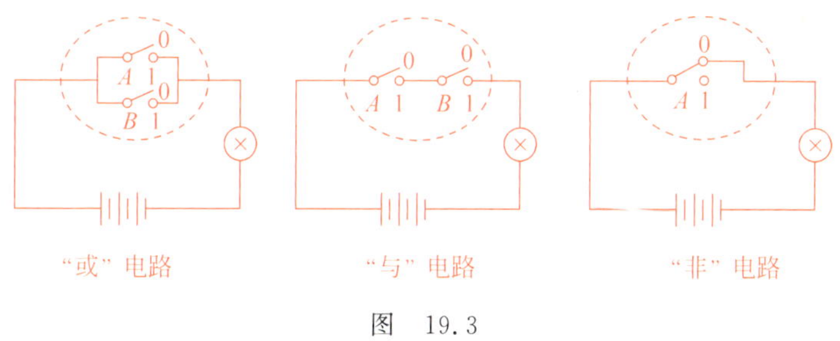

图 19.3

相应的电路。在前面楼梯路灯的例中

$$X = \overline{A}B + A\overline{B}$$

逻辑式右端表明：X 的开关电路应是 $\overline{A}B$ 和 $A\overline{B}$ 的“或”电路。而 $\overline{A}B$ 又是一个“非 A”及 B 的“与”电路，$A\overline{B}$ 则是 A 及“非 B”的“与”电路。图 19.4 则非常明显地表现出这一电路的结构。明眼人能够看出，图 19.5 跟上一页看到的电路图实际上是一样的(开关间的虚线表明同时操作)。

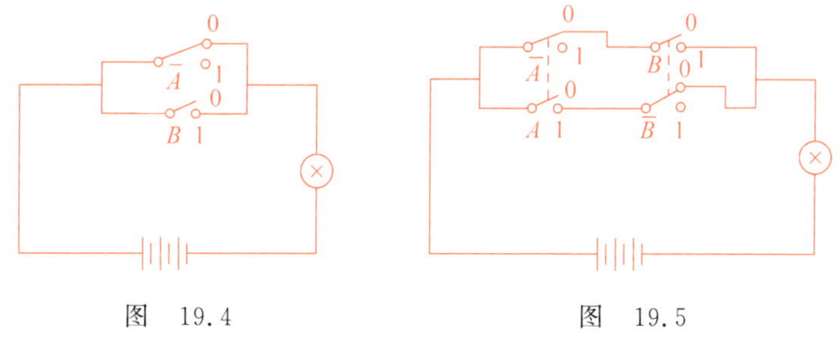

图 19.4　　图 19.5

我想读者一定不会只满足于开关电路的设计，而且还希望能亲自动手去制作这类装置。那么，下面的问题肯定会给你带来极大的乐趣!

[问题]:

1. 设计一个水位控制器,使水池里的水常满。

2. 设计一个旅店双人房间的照明电路,要求房间入口处,两人的床头各装一个拉线开关。当电灯亮时,拉动任何一个开关可以使电灯不亮;而当电灯不亮时,拉动任何一个开关可以使电灯变亮。

3. 设计一个3人投票裁决,多数同意通过的自动装置。

4. 设计一种有3个键钮的保密电子锁,仅当同时按下键钮 A、C 时锁 X 才能被打开,其余情况则拉响电铃报警。

5. 设计一种能做两位数的二进制数的乘法装置。

$$\begin{array}{r} A\ B \\ \times\quad C\ D \\ \hline X\ Y\ Z\ W \end{array}$$

[设计提示]

1. 在高水位与低水位分别设置开关 B、A,水未达该水位则有信号输出,则水泵的开关 X:

$$X = A + \overline{A}B$$

电路图如图19.6所示。

2. 设3个开关为 A、B、C,则灯 X:

$$X = \overline{A}\overline{B}C + \overline{A}B\overline{C} + A\overline{B}\overline{C}$$

图19.7是它的机能图,电路图略。

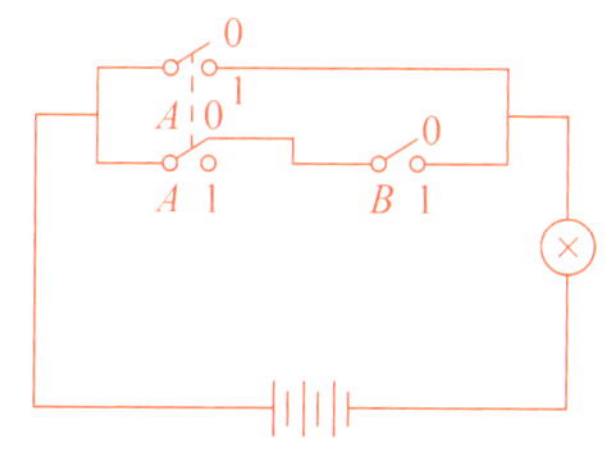

图　19.6

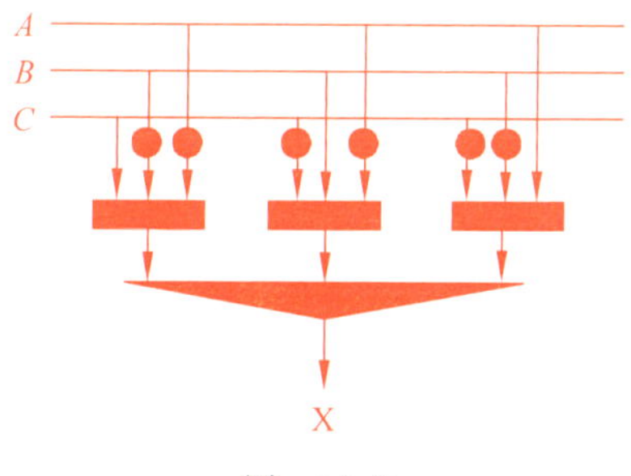

图　19.7

3. 设 3 人投票的命题为 A、B、C，裁决结果为 X，则

$$X = AB + AC + BC$$

4. 设 Y 为报警命题，则

$$\begin{cases} X = A\bar{B}C \\ Y = \bar{X} = \bar{A} + B + \bar{C} \end{cases}$$

5. $\begin{cases} X = ABCD \\ Y = A\bar{B}C + AC\bar{D} \\ Z = \bar{A}BC + A\bar{B}D + A\bar{C}D + BC\bar{D} \\ W = BD \end{cases}$

二十、人脑与电脑,思路与程序

电子计算机的发明,是当代科技最为辉煌的成就之一。电子计算机不仅具有非凡的计算本领和超人的记忆能力,而且可以模拟人脑的某些思维功能,替代人类部分的脑力劳动,因而获得了“电脑”的美称。

电子计算机一般有 5 个部件,分为主机和外部设备两部分。主机含有 3 个部件:控制器、运算器和存储器,外部设备含输入装置和输出装置(图 20.1)。

计算机的工作过程,类似于人打算盘。人的眼睛和耳朵相当于输入装置,它把听到的声音或看到的数字输入大脑;人脑的中枢神经系统就是控制器,它指挥手去拨动算盘的算珠,算盘则相当于运算器,计算结果或直观显示,或用笔记录,或

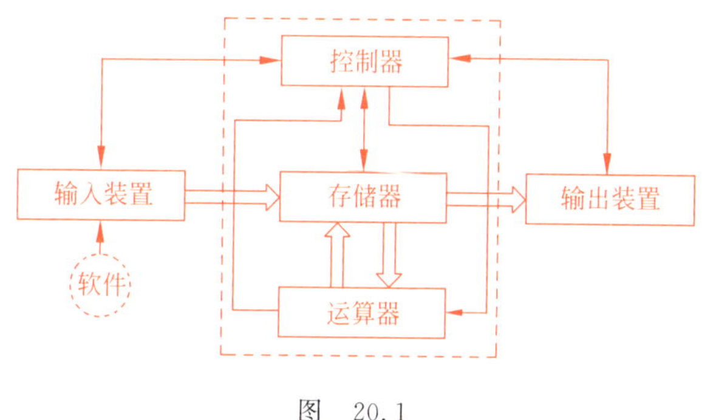

图 20.1

由口读出，这些都相当于输出装置，有关资料和计算方法或记于脑中，或记于笔记，则大脑的记忆部分和笔记本便相当于存储器。

计算机是靠控制器来指挥和协调整台机器工作的。控制器究竟凭什么来统揽全局呢？原来靠的是人们事先编好的程序：计算机先算什么，后算什么；谁与谁进行比较；遇到何种情况如何处理；等等。人们把自己脑中的思路，用一种计算机能“理解”的语言，编成程序输入计算机，让计算机严格而准确地依照人的意图去自动执行。

各种计算机有它们各自能够“理解”的语言。在国际上比较初级和通用的一种计算机语言叫“BASIC 语言”。翻开任何一本英汉字典，都可以查到 basic 一词，含义是“基本的”。但这与 BASIC 完全是一种巧合！后者是 Beginnerl's All-purpose Symbolic Instruction Code 的缩写。译文是：“初学者的通用符号指令码”。尽管它也有一点点“基本的”的意思。

前面讲过，程序是体现人脑中解题算法步骤的一种计算机语言。因此，要编好一个程序，首先要画出人脑算法步骤的“框图”，然后再按框图的要求，用计算机语言写出程序来。下面我们观察几个数学上颇为著名的例子。

这个问题已有两百多年的历史，问题说：

$$S_n=1+\frac{1}{2}+\frac{1}{3}+\cdots+\frac{1}{n}-\ln n$$

当 n 很大时，越来越接近于一个常数 C。这个常数 C 是 18 世纪瑞士数学家欧拉于 1735 年首先发现的，因此也称欧拉常数。有趣的是，欧拉常数究竟是有理数还是无理数，人类研究了将近 3 个世纪，至今依然是一个谜！

欧拉常数大约等于多少呢？我们请计算机帮我们算一算，假定 n 取 1000 算法步骤是：

因为 $$S_n-S_{n-1}=\left(1+\frac{1}{2}+\frac{1}{3}+\cdots+\frac{1}{n}-\ln n\right)-\left[1+\frac{1}{2}+\frac{1}{3}+\cdots+\frac{1}{n-1}-\ln(n-1)\right]$$

$$=\frac{1}{n}-\ln\frac{n}{n-1}$$

$$=\frac{1}{n}+\ln\left(1-\frac{1}{n}\right)$$

所以 $$S_n=S_{n-1}+\left[\frac{1}{n}+\ln\left(1-\frac{1}{n}\right)\right]\quad(n\geqslant 2)$$

由此可得：

$$S_1=1-\ln 1=1$$

$$S_2=S_1+\left[\frac{1}{2}+\ln\left(1-\frac{1}{2}\right)\right]$$

$$S_3=S_2+\left[\frac{1}{3}+\ln\left(1-\frac{1}{3}\right)\right]$$

$$\vdots$$

$$S_{1000}=S_{999}+\left(\frac{1}{1000}+\ln\left(1-\frac{1}{1000}\right)\right)$$

算法框图如下：

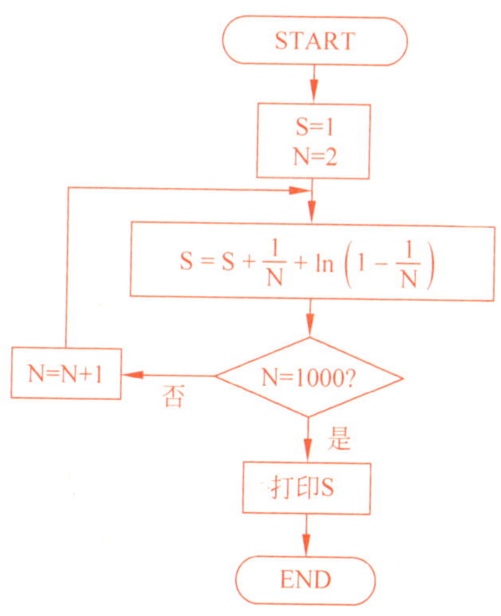


```
]LIST
10  S=1：N=2
20  S=S+1/N+log(1−1/N)
```

```
30  IF N=1000   THEN 60
40  N=N+1
50  GOTO 20
60  PRINT  "C=";S
70  END
```

上边列的是相应的 BASIC 程序。把这个程序输入计算机(例如 Apple Ⅱ 机)可以算得:

$$C=0.577715687$$

而欧拉常数的真值 C=0.577216…,所得结果已经与真值相当接近了!

下面是一个令人迷惑的问题,它曾经引起了很大的轰动,许多人做过努力,但至今仍无所获。事情是这样开始的。20 世纪 30 年代,德国汉堡的一名学生考拉茨发现了一个奇怪的现象:任意写一个自然数,如果是奇数,将它乘以 3 再加 1;如果是偶数,则将它除以 2。反复照此办理,之后便会出现一个有趣的现象,似乎数字掉进一个"陷阱",最后总是出现:

$$4,2,1,4,2,1,4,2,1,\cdots$$

20 世纪 50 年代,这个问题曾一度风靡美国,有一个时期芝加哥大学和耶鲁大学几乎人人都在研究这个问题,但同样毫无结果。有人甚至怀疑这是减缓美国数学研究进程的真正陷阱。这个问题在日本称为"角谷猜想",它是由日本著名数学家角谷静夫带回日本的。

让我们用计算机验证这个猜想。算法框图如下：

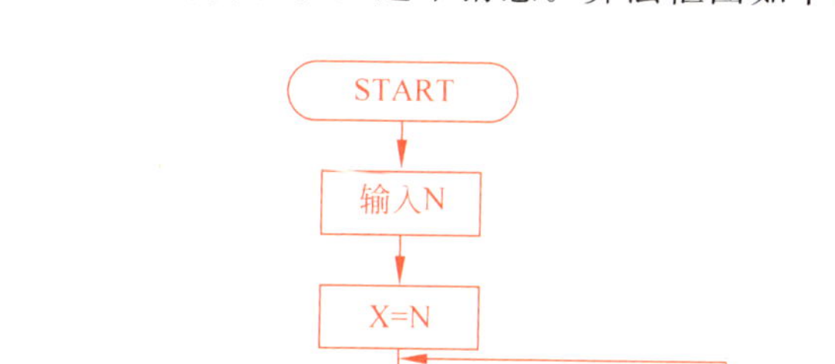


```
] LIST
10  INPUT N
20  X=N
30  IF X=2·INT(X/2) THEN 70
40  X=3·X+1
50  PRINT" "; X; ",";
60  GOTO 30
70  X=X/2
80  GOTO 50
90  END
```

上边列的是相应的 BASIC 程序。不过，若把它输入计算机，它会无穷无尽地写下去。例如 $N=538$，我们有：

```
] RUN
?538
```

269,808,404,202,101,304,152,76,38,19,58,29,88,44,22,11,34,17,52,26,13,40,20,10,5,16,8,4,2,1,4,2,1,4,2,1,4,2,1,…

为了不让机器无休止地运转,只有强迫停机。办法是:键入以下命令:Ctrl+C。

现在我们再来看一看计算机是怎样模拟人脑的思维功能。下面是一道有关名次的趣题,类似的问题读者在“九、巧解逻辑难题”一节曾经遇到过。

3 位学生对某次数学竞赛的成绩进行了如下预测:

甲认为:“小红得第一名,小刘得第三名”;

乙认为:“小张得第一名,小陈得第四名”;

丙认为:“小陈得第二名,小红得第三名”。

竞赛结果表明,他们每人恰好都只说对了一半。试排出各人的名次。

以下是用计算机逻辑语言编制的一个 BASIC 程序:

```
10  FOR A=1 TO 4
20  FOR B−1 TO 4
30  IF A=B THEN 90
40  FOR C=1 TO 4
50  IF C=A OR C=B THEN 80
60  D=10−A−B−C
70  IF(A=1)+(B=3)=1 AND
    (C=1)+(D=4)=1 AND (D=2)+(A=3)=1
    THEN PRINT"XIAO HONG DI"; A,
    "XIAO LIU DI"; B,"XIAO ZHANG DI";
    C,"XIAO CHEN DI"; D
80  NEXT C
```

```
90  NEXT B
100  NEXTA
110  END
```

执行结果是

```
]RUN
XIAO HONG DI 4          XIAO LIU DI 3
XIAO ZHANG DI 1         XIAO CHEN DI 2
```

即：小张第一，小陈第二，小刘第三，小红第四。

在上面程序中，我们利用了 3 个套着的循环语句。但最主要的是 70 语句的执行。这一语句要求当 A=1 或 B=3，C=1 或 D=4，D=2 或 A=3，3 个条件都满足时才打印出来。

这个程序的算法框图是怎样的？读者不妨自己动手去画一画。

二十一、神奇的射流技术

在雾霭茫茫的海域，两艘舰船正在急速地行驶着，并悄悄地靠近。当双方船长发现这一事实时，已经为时太晚。一种神奇的力量把一艘舰船推向另外一艘，两条船靠近的速度越来越快，一场悲惨的海难终于发生了！这是耸人听闻的传说吗？不！这是事实，这样的事件在海运史上并不少见。

拿一张薄薄的纸条，把一头压在嘴唇的下方，口中用力往外吹气，纸条便会向上飘动起来。似乎有什么力量从下往上顶托着，使纸张不会因重力而悬垂下来(图 21.1)。

图 21.1

这是为什么呢？瑞士数学家丹尼尔·贝努利(Daniel Bernoulli，1700—

1782)对此做了如下解释：高速的流体在其周围形成了一个低压区，流体速度越高，压力越低，与外面的压力差越大，这种压力差能把邻近的东西压向流体。这就是流体力学中著名的贝努利原理。上面讲到的两只船自动靠近、薄纸条被顶托起来等现象，都是由于这种道理。

现在我们设想从喷嘴里喷出一束高速的射流，就像高压水龙头射出的水束，或者用力从注射器的针尖压出液流那样。然后用一块厚平板（壁）去靠近喷嘴，这时一个奇怪的现象发生了：射流先是逐渐地向板壁倾斜，最后完全贴附在板壁上。图 21.2 描绘了这种奇特的附壁现象。

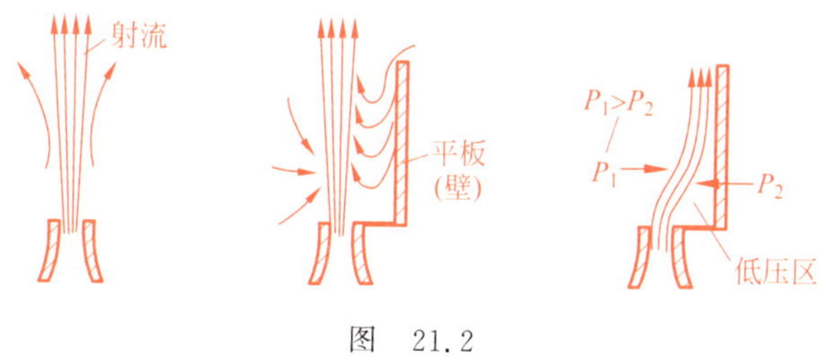

图　21.2

20 世纪 60 年代，随着自动化技术的发展，人们对耐高温、耐高压、耐震动和不受电磁干扰的自动化元件提出新的要求。于是，射流的附壁特性又重新唤起了人们的记忆，射流技术应运而生。人们利用射流的附壁原理，巧妙地设计出许多射流元件，这些元件在一定场合用来替代由电子管、晶体管组成的电子元件，将使自动化装置工作得更加稳定。

图 21.3 是 6 个较为主要的射流元件，这些元件也和“二十、人脑与电脑，思路与程序”中讲过的电子元件一样，能够起思维机器的“脑细胞”的作用。了解一下这些“脑细胞”的工作过程，无疑是十分有益的。

图 21.4 是一个射流的“或非”元件。

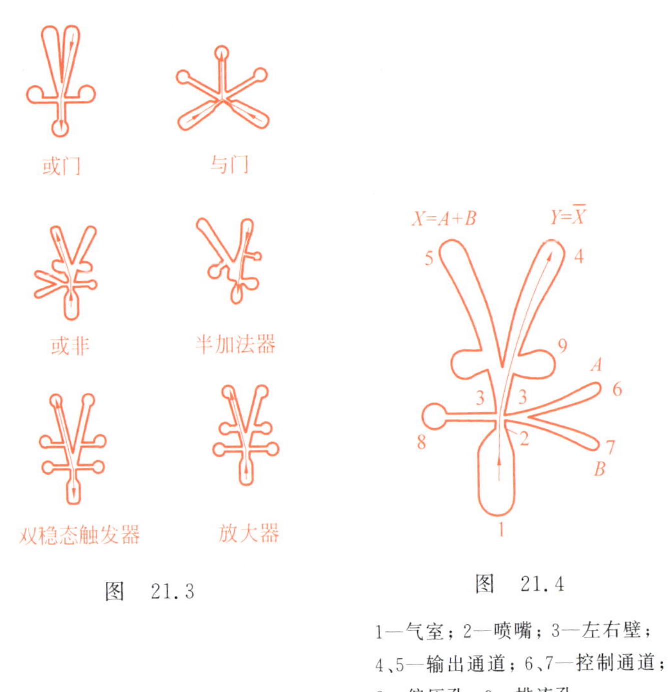

图 21.3

图 21.4

1—气室；2—喷嘴；3—左右壁；4、5—输出通道；6、7—控制通道；8—偏压孔；9—排流孔

由于“或非”元件的几何图形是不对称的，右壁比左壁更靠近喷嘴，因而当偏压孔与大气相通时，由喷嘴喷出的射流，便附

在更靠近的右壁上，并由通道 4 输出。现在假定通道 6 输入信号 A 或通道 7 输入信号 B，此时有压气流便把射流切换到左壁去，从而通道 5 变得有信号输出。通道 5 的信号可以一直持续到 A、B 信号消失为止。这时射流自动切回右壁，并由通道 4 输出。如果我们把有信号记为“1”，而把没有信号记为“0”，于是便有表 21.1 所示结果。

表 21.1　结果

A	B	X	Y
0	0	0	1
0	1	1	0
1	0	1	0
1	1	1	0

这意味着：$\begin{cases} X=A+B \\ Y=\overline{X}=\overline{A}\cdot\overline{B} \end{cases}$

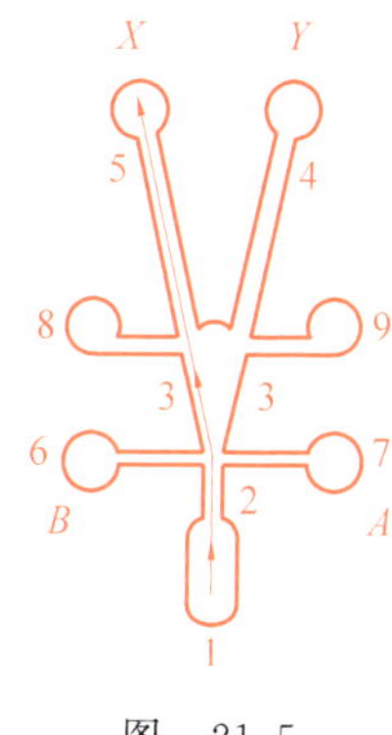

图　21.5

这与电子逻辑元件中的“或门”和“非门”得到的结果是相同的，“或非”这一名称大约就是由此而来。

射流元件的“记忆”，是由双稳态触发器实现的，这是一种几何形状对称的元件(图 21.5)。开始时，喷出的射流是随机贴附在 4、5 两通道中的一个(例如通道 5)，并形成一种稳定的附壁状态。当控制通道

6 输入信号 B 时，有压液流即把射流切换到通道 4，也形成一种稳定的附壁状态。这时即使通道 6 的输入信号 B 消失，如果通道 7 没有信号，那么通道 4 的稳定附壁不会破坏。这意味着，由通道 4 输出的信号 Y，“记住”了信号 B。同理，由通道 5 输出的信号 X，“记住”了信号 A。

图 21.6 是一个利用射流元件，实现水位自动控制的设计。设计要求水位 h 控制在 h_2 与 h_1 之间（$h_1>h_2$）。设计中我们用了两个“或非”元件和一个“双稳”元件。

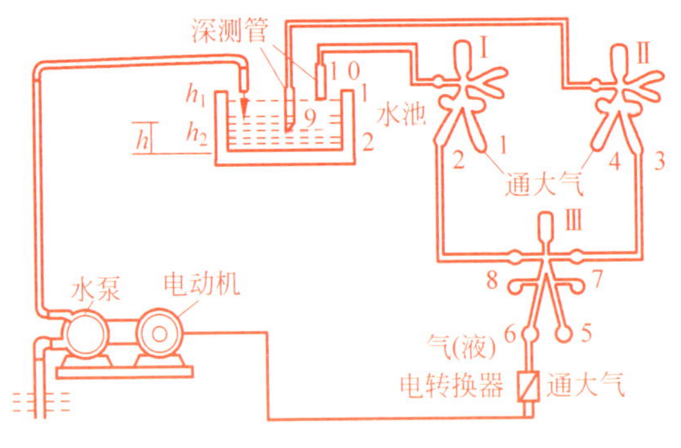

图　21.6

图 21.6 装置的工作原理如下：

当水位 $h<h_2$ 时，探测管 9 与大气相通，“或非”元件Ⅱ的通道 3 有信号。这信号加入“双稳”元件的控制通道 7，使通道 6 输出信号，并经转换器变为电信号使水泵向水池供水。

当 $h_2<h<h_1$ 时，由于管道 9 堵塞，“或非”元件Ⅱ的通道 3 信号消失。但这时由于“双稳”元件的“记忆”，通道 6 仍有信号

输出，水泵依然不断向水池供水。

当 $h > h_1$ 时，探测管 10 堵塞，“或非”元件 Ⅰ 的通道 2 有信号。这一信号加入“双稳”元件的控制通道 8，使射流由通道 6 切换到通道 5。通道 6 信号消失。水泵停止工作。

当水位降低再次有 $h_2 < h < h_1$ 时，虽然探测管 10 此时通大气，“或非”元件 Ⅰ 的射流自动切回通道 1，致使通道 8 没有信号输入。但由于“双稳”元件的“记忆”，通道 6 依旧没有信号输出。水泵继续停止工作，直至 $h < h_2$ 为止。

从上面简单的水位控制的实例，读者已经看到了射流元件神奇的逻辑功能。不过，要说明的是：射流技术虽然有许多优点和意想不到的作用，但由于射流是靠流体流动来实现的，它的速度远不能与电流的速度相比，因而它不可能替代电子技术。

以下的评价将不过分：

电子技术和射流技术是现代科技的一对姐妹花！

二十二、错觉的漩涡

著名的英国博物学家，进化论的奠基人查尔斯·达尔文(Charles Darwin，1809—1882)有一句幽默的名言："大自然是一有机会就要说谎的。"当然，说谎的并非大自然，而是假象给人造成的错觉。

徐霞客(1586—1641)是我国明朝著名的地理学家。有一次，他到了云南大理县的点苍山，看到了海拔2030米的云弄山麓有一处"蝴蝶泉"。他在一篇游记中写道："……又有真蝶千万，连须钩足，自树巅倒悬而下，及于泉面，缤纷络绎，五色焕然。”

有一个姓赵的游人来到泉边观赏，发现了一种奇怪的现象：在泉边飞舞的蝴蝶躯体小，成串倒挂在树枝上的躯体大，白天倒挂的晚上飞走了！他感到很奇怪，便去请教蝶类专家。专家说：白天倒挂的应该不是蝶，而是蛾。蛾昼伏夜动个体大，蝶昼动夜伏个体小。于是他写下了《蝴蝶泉边的发现》一文，证实了千百年来对“蝴蝶泉”的叫法是一个错觉！

蝶与蛾

如果一个关于自然界事物的命题是真实的，我们便称为事实。然而单凭直观感觉来判断，很可能会使人陷入错觉的漩涡。直觉的偏见，而导致非科学的推理，在科学史上屡见不鲜！

最为生动的例子莫过于地心说。人们清晨看到太阳从东方地平线上冉冉升起，傍晚又见到太阳从西方地平线上徐徐下落。太阳的上升与下落使人类感觉到了白昼与黑夜。因此，有几千年时间，人们以为地球是宇宙的中心，而星星和太阳都围绕着地球运转。这种假象所造成的偏见，是如此根深蒂固地植入那个时代人们的脑海，以至于当发现在地球上观察一个行星，它好像是按回线运动时（图 22.1），依然对错误的偏见执信不移。

图 22.2 是在 6～8 周时间内，在地球上观察到的著名行星在恒星图案中绘出的运动路线。这种路线正如大家看到的那样，表现为极其美丽和规则的回线。所画行星的名称，从上到下依次是：水星、金星、火星、木星和土星。今天，"地心"的错觉已经恢复了本来的面目。大概没有什么人会怀疑地球是围绕太阳转的了。几乎所有中学生也都知道由于地球的自转带来了黑夜与白天！

图 22.1　　图 22.2

背景的干扰，常常会产生光学的错觉，下面是一些有趣的例子。

当你注意图 22.3 的图案时，你似乎会感觉到在白条的相交处有隐隐约约的阴影。这是因为相交点，周围黑色较少，黑白对比没有非交点处强烈。

图 22.4 的 4 条水平线段其实是等长的，但看起来似乎长短不一。这种错觉产生的原因，是由于你的眼睛只注意箭头内的终点，而不随之到尖端。

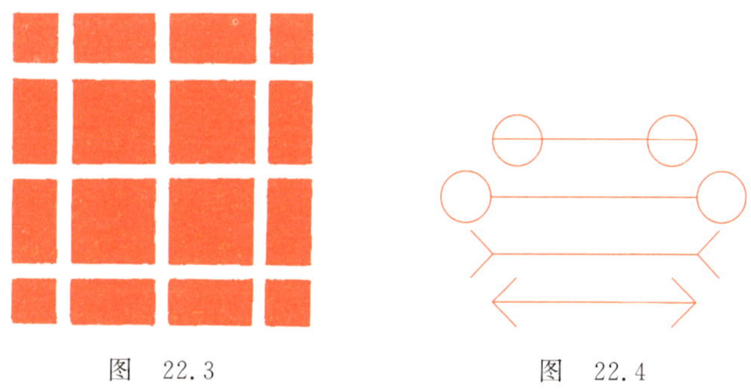

图 22.3　　图 22.4

图 22.5 的黑框实际上是两个正方形，由于背景线条的干扰，很可能会产生变形的错觉。

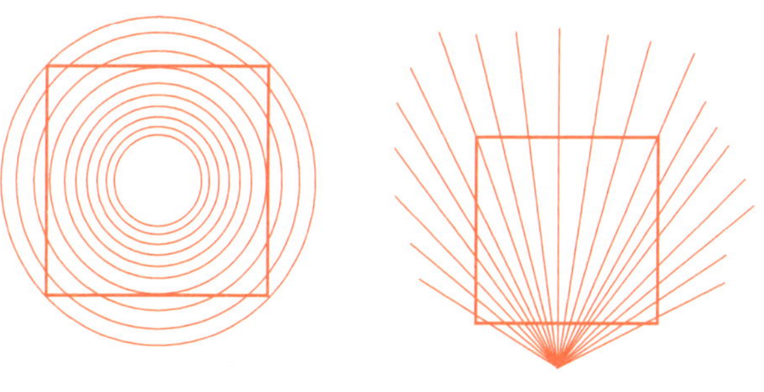

图 22.5

图 22.6 的 7 条斜向直线都是平行的，但在你的最初感觉中，一定会以为它们是歪歪扭扭的。

图 22.6

抛弃直觉的偏见，需要敏锐的观察和科学的思维。只有摈弃“想当然”，才能识别假象。

19 世纪中叶，德国著名化学家尤斯图斯·冯·李比希（Justus von Liebig，1803—1873）到英国进行考察。有一天，他在一家制作“柏林蓝”的工厂，看到了制作这种颜料的过程：把动物的皮和血与某种药水调和放在铁锅中煮。在加热的同时，用一根铁棍使劲地在锅里不断搅拌，搅拌时发出极大的声响。主人介绍说：“搅拌锅里的溶液时，搅的响声越大，柏林蓝质量越好！”

然而李比希却从假象中领悟到本质。他在寄回祖国的信中写了以下一段话：“用这种材料制作柏林蓝，另加一些含铁的化合物就行了，并不需要发出响声。因为使劲蹭锅，无非是想把锅上的铁屑蹭下来，使它与液料化合而制成柏林蓝。这种做法虽不是毫无道理，但做出来的柏林蓝质量却不一定好，而更重要的是浪费了劳动力。”

下面有趣的问题，对于认识“想当然”的危害是再好不过的了！

两个人对一幅画展开了争论。

甲说："月亮发亮的部分接近正圆，所以这一天是阴历十五或十六。"

乙说："怎么会是阴历十五呢？阴历二十左右吧，月亮缺着呢！"

聪明的读者，你能判定谁说的对吗？可能你已经猜到了，甲说的是对的！右图中的"月缺"只是一种假象，一定是被看不见的什么物体遮住了。因为月亮被太阳光照射，它将近有一半是发亮的。所以地球上看到的月亮图形，它的两个尖点连线应大致通过圆心(图 22.7)。而画中的月亮图形显然不具备这一性质，因此判定图中缺的部分是被别的物体遮住了。看起来乙说的"月缺"只是一种错觉。

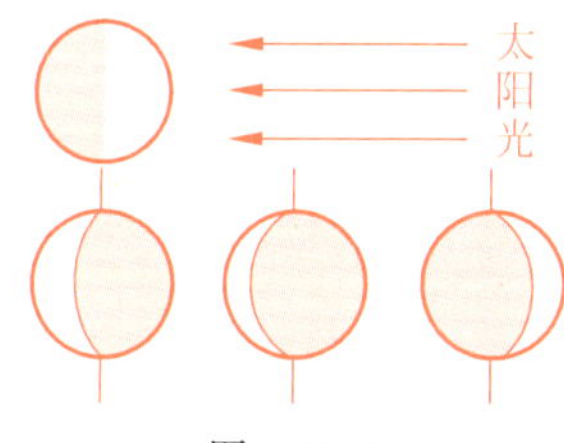

图　22.7

下面是一道几何上有名的错觉证明的例子。

已知：在四边形 $ABCD$ 中，$AB=DC$

求证：$AD /\!/ BC$

证明：如图 22.8 所示，令线段 AD 与 BC 的垂直平分线相交于 E 点。已知：

$$\triangle ABE \cong \triangle DCE (S.S.S)$$

故　$\angle 1=\angle 2$

因为　$\angle 3=\angle 4 (EA=ED)$

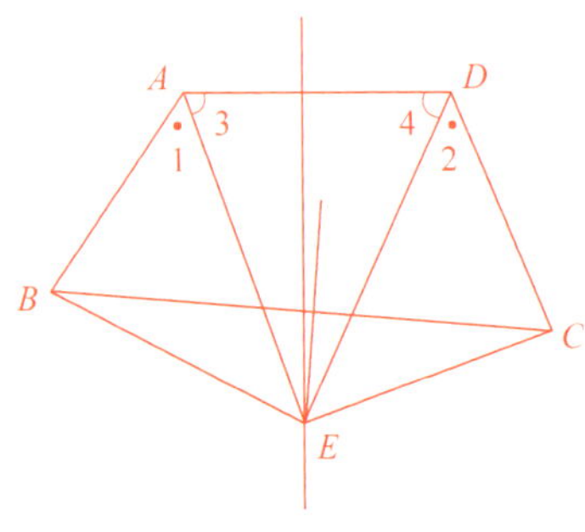

图 22.8

所以 $\angle BAD=\angle CDA$

同理可证$\angle ABC=\angle DCB$

因为 四边形内角和为 360°

所以 $\angle DAB+\angle ABC=180^\circ$

从而 $AD /\!/ BC$

证毕

学过几何的读者都知道，结论肯定是不对的！那么问题出在哪里呢？我想，只要读者仔细琢磨，破绽是一定会被找到的。

在本书的前面章节我们曾经多次说过，人类的正确思维基于下述两点：一是事实，二是推理。事实是推理的依据，推理则是连接事实与结论的纽带。然而，错觉常常使人们的思维陷入一种漩涡。因此当我们检验有关事物的真实性，并作逻辑推理的时候，不要忘记我们感官上可能产生的错觉，多问几个为什么！

二十三、识别伪科学

科学没有疆界，人类正以前所未有的勇气，开拓着一个又一个未知的领域！然而，只要世上还有科学不能阐明的现象，挂着科学的“羊头”、卖着迷信的“狗肉”的伪科学，就会有一些市场。

古往今来，有不少科学家被自己所处的时代的人斥为“异端”，然而他们坚持的却是真理，像哥白尼、伽利略、达尔文等人都是。

那么，科学与伪科学的界限究竟在哪里呢？“二十二、错觉的漩涡”中我们讲到，科学大厦的基石一是事实，二是推理。事实，要求科学家们具有严肃认真的态度，踏踏实实的脚步，尊重并利用已经肯定了的科学成果。科学家们并不总是信任感官，因为他们意识到错觉可能存在。在他们的脑中更多的是诸如："这是真的吗？""我怎样才能肯定呢？"这类的问题。关于推理，科学家们严格依照假设—演绎的方法，通过新的观察来检验自己的假设。如果新的观察表明原先的假设是错误的，他们会毫不留情地摈弃这种假设。因而，尽管科学的道路会有曲折和分岔，但只要尊重科学，还是能殊途同归，抵达真理的彼岸。

伪科学则与此相反，那是以信仰为基础的臆说。在那里客观的事实被随意地扭曲，科学的成果被任意地拨弄。其目的只有一个，就是把人们引向愚昧，引向唯心主义的"迷宫"。

西方伪科学种种，最具世界性影响的要数丰·丹尼肯先生和他的《众神之车》。剖析一下这一怪人奇想，对于识别伪科学无疑是极为有益的。

1968 年，34 岁的瑞士学者厄里希·丰·丹尼肯写成了一本书，叫作《众神之车》。这是一本十分奇特的书，作者把自己 15 年来周游世界收集的一些神话、传说、文物、遗址资料，其中当然不乏捕风捉影和道听途说，根据自己极为丰富的想象力，描绘了一幅数万年前外星宇航员光临地球的情景，然后断言：上帝是存在的，上帝就是这些外星宇航员们的领袖；现今

复活节岛的神秘石像

地球上的一切文明都是这些“神”们安排的，散布在世界各地的神秘莫测的古文物和遗址，以及目前世界上许多稀奇古怪的现象，都是“外星人”降临地球的“佐证”。

《众神之车》问世以后确实风靡一时，原因除了耸人听闻以外当然还有一些写作技巧。例如作者一开头就采用了赤裸裸的激将法：“外行人在发现发掘过去要比预测将来更神秘、更冒险之后，又会重新缩回到他们一向住惯的蜗壳之中”“写这本书要有勇气，读这本书也要有勇气”。谁愿意承认自己没有“勇气”？谁愿意甘居“蜗壳”？因此这种露骨的“激将”语言，也拉取了一部分无知的读者。

让我们来看一看丹尼肯依据的是什么事实吧！远的且不说，就说书中提到的关于我们中国的事情吧！

丹尼肯说：“在中国的周处（死于公元 297 年的西晋时代）墓中有一条铝腰带断片。”他认为这是古代不可能有的技术成就，以此来证明外星宇航员到过地球。然而这一事实本身已被正式否定。1972 年，中国科学院考古研究所所长夏鼐著文对此作了总结，证实该墓在历史上曾被盗两次，发掘时墓内有明显的扰乱痕迹，而所清理出的小残片是从淤土中尽可能拣出来的，不能排除小块铝片是后世的混入物。

在《众神之车》中还有一处提到：“在中国云南省会昆明发现了一些雕刻，上面刻着圆柱形类似火箭的装置，直指天空。这些图形刻在一块尖塔形的石头上，而这块石头是在一次地震中从滇池中突然冒出来的。"其实，这只不过是一则以讹传讹的消息！

在丹尼肯的另外一本书上，转引了苏联刊物《人造卫星》上的文章中的内容：1938 年，中国考古学者在巴颜喀喇山的洞穴中发现了许多石版，上面用象形文字记载着 12000 年前外星宇航员因飞船失事而被迫降落，又被当地居民杀死。然而，这一惊人的事件，在我们自身生长的国土上却闻所未闻！

类似的事例还有很多，从丹尼肯肆意歪曲有关中国的史实来看，我们完全有理由怀疑，他所描述的关于世界各地的一些素材，也未必都符合客观事实。

现在再看一看丹尼肯是怎样编织自己的"推理网络"。这种扭曲的思维，为本书提供了绝好的反例！

丹尼肯写道："人类知识的支柱有多少次曾经被推倒！千百年间，人们一直以为地球是平的，太阳围绕着地球转。这个'铁'一般的定律曾经顽强地维持几千年，然而它终于被推倒了！"由此他推出的结论是：既然人类知识支柱曾经被推倒过多次，那么今天人类的知识支柱就非被推倒不可！

从数学角度看，丹尼肯的推理方法是："若 $n=1$，$n=2$ 甚至 $n=3$ 时命题成立，那么对于任何的 n，命题一定成立"。这种不完全归纳所可能产生的谬误，读者在"十一、步向真理的阶梯"中已经了解得十分清楚。

不仅如此，丹尼肯还善于采用“若 $n=k(k>1)$ 时命题成立，则 $n=1$ 时命题必定成立”这类令人惊讶的“推理术”。请看《众神之车》中的一段绝妙的描述。作者想象：有朝一日我们的宇航员踏上了异星的土地，那里的理智生命是怎样看待我们这些不速之客？“当夜晚变得如同白天一样明亮（探照灯），他们惊呆了；当这些陌生人毫不费力地飞到空中时（火箭助飞器），他们怕极了；当莫名其妙的‘动物’，在空中翱翔，发出嗡嗡声和喷气声时，他们又一次俯伏在地；而当山中响起吓人的隆隆声时（试探性爆炸），他们奔进洞穴的安全地方躲起来。毫无疑问，对于这些原始人来说，我们的宇航员就好像全能的神！”结论是：既然我们到别的星球去会有如此这般的遭遇，那么过去的外星人也一定这样到过我们地球！把丹尼肯所说的话概括为一句就是：“今后想做的东西，过去一定有过！”这实在是荒谬至极！

天地之大，无奇不有。丹尼肯没有忘记抓住一些“世界之谜”做文章。他窥测读者心理，采用时真时假的方法，把当今世界难解之谜一统划入他的伪科学版图。

比如说，丹尼肯拿出一张 18 世纪土耳其海军上将皮里·雷斯用过的地图说：“这张地图精确得不可思议……标绘在下端的南极洲同用回声探测法测出的冰下地貌十分相像。”推论是：“我们应该大胆地捅马蜂窝，宣布这些有关我们地球的地图是在高空飞行器或宇宙飞船上绘成的。这只能是外星人做的，当然，这位土耳其海军上将的地图不是原本，而是抄了又抄的复本。”然而当把南极洲的地图与海军上将的地图做一比较，从中我们就能发现丹尼肯所说的地图的“精确”性，究竟需要打多么大的问号！

对于撒哈拉的塔西里发现的壁画，丹尼肯以斩钉截铁的口吻说：“画中的人穿着套服，戴着奇特的头盔，这又一次表现了原始人不寻常的概念，因此只能是外星人的写照。”

类似上面的例子在丹尼肯的书中真是俯拾皆是！

难道人类所创造的文明竟是镜花水月？难道生活在地球上的人类自身，竟是如此无能？严肃、理性的科学面临着非理性的挑战！1975 年，科学家们决定起来应战了！包括 19 位诺贝尔奖获得者在内的 186 位著名科学家联合签署了公开声明，批判形形色色的伪科学。许多知名学者共同编写了《科学与伪科学》等一系列书籍，对非科学的思维和臆想，进行了公开的揭露。地质学家卡佐和考古学家斯各特进行了世界旅行，用严格的科学方法，重新考察了诸如百慕大三角、不明飞行物、古代宇航员之谜、复活节岛石像、奇异的金字塔、神秘的玛雅文化等奇事，得出了与丹尼肯完全相反的结论，并写出了《奇事再探》一书。这是一本值得一读的书，因为它告诉我们什么是真正的科学思维，以及怎样去识别伪科学的谬误。

二十四、数学家和数学思维

当人们谈论数学家的时候，总喜欢把他们描写得与众不同，要么成天待在教室的黑板前推算深奥莫测的公式，要么一杯开水、一块馒头，躲在斗室里思考什么猜想。似乎他们的生活本身就像直线和圆周那么单调和古板。其实，这样的描写是不尽然的。

大多数的数学家未必有神童般的幼年。“聪明在于学习，天才由于积累”，这是已故著名数学家华罗庚教授留给后人的至理名言。

自然界无处不存在着形和数，这些形和数以几乎均等的机会充斥于每个人的周围。但并不是所有的人对形与数都抱有同样的兴趣。举例说，对语言学家来讲，英语或汉语拼音中的 26

个字母，只是一种符号。这种符号对他们至关重要的是发音和拼读。但在数学家眼里则全然是另外一回事，他们把 26 个字母分成以下 5 类：

A　M　T　U　V　W　Y
B　C　D　E　K
N　S　Z
H　I　O　X
F　G　J　L　P　Q　R

各类依次与下列 5 种方程相对应：

$y=x^2$； $y^2=x$； $y=x^3$； $x^2+3y^2=1$； $y=x+x^2$。

当你把这些字母与相应方程所表示的图形摆在一起的时候（图 24.1），你一定会对数学家丰富的想象和敏锐的观察力，肃然起敬！

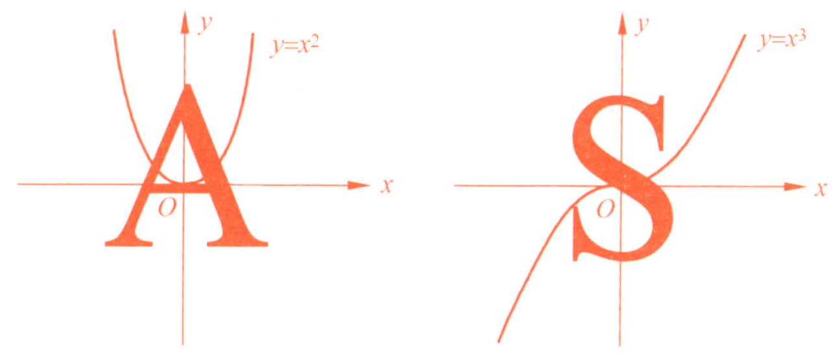

图　24.1

数学同样需要试验，但一个造诣良深的数学家，只需少量的尝试便能洞悉问题的实质，这类例子在本书中并不少见。一些实际问题，在数学家手中能够魔术般地表述为面目全非的模式，然后用数学的方法加以解决。正如英国科克皇后学院布尔教授那样，用字母代表命题，而后建立起一种异乎寻常的逻辑代数。

数学家的思维方式，类同于科学思维的5个阶段，即：

(1) 观察表述；

(2) 归纳假设；

(3) 演绎推理；

(4) 验证拓广；

(5) 引出结论。

几千年来，由于无数数学家的辛勤耕耘，这一数学思维的幼苗，已经长成枝叶茂盛、果实累累的参天大树。这里介绍的只是有关思维规律的若干成果。作者之所以奉献这本书，是希望能与读者共享人类智慧的这部分财富！